子どもと過ごす極上の時間

Iwatsuki Keiko
岩附啓子

シナリオのない保育

ひとなる書房

はじめに

最近の予想もできないような少年犯罪など、心痛める事件のなんと多いことでしょう。その子を取り巻く子ども集団、両親、地域社会がどうなっていたのだろう、なんとかならなかったのだろうかと思わざるを得ません。

特に幼児教育に携わる者にとっての責任は、今後ますます重要になってくるでしょう。

一人ではなく、友だちと楽しさを共有し合い、その中で自分自身のかけがえのなさを実感していく保育実践が今、まさに求められていると思います。ちょうどこんな時期に私の本が出版される運びとなり少々責任を感じるとともに、こんな方法もあるのかと、楽しんで読んでいただけたらうれしいなと思っています。

本書は二部構成から成っています。

一部は実践編です。『現代と保育』（ひとなる書房）に掲載された中より抜粋した三編（四七号・五一号・五三号）、および『季刊保育問題研究』（新読書社）の「かいこ」「すいか」（一七一号・一七二号）を加え、計五編の実践から成っています。

最初の三編は、小さな生き物と心通わせ、育てていく中で子どもたちの心の動きや成長していくようすを紹介しました。

後の二編は、絵本を媒介としながらイメージをふくらませ、ごっこあそびを展開していった愉快な子どもたちの実践と私の園のサンタ物語です。クリスマス間近、子どもたちのはてしない夢に応えようと大人たちは大奮闘、その成果やいかに。子どもも、保育者も父母も気持ちが一つになってほのぼのとした関係が生まれます。

あなたの園ではどんな取り組みがなされているのでしょうか？　この他にも多数の保育実践があったのですが、紙面の都合上掲載することができなかったのは残念です。

でも、子どもってほんとドジでとんでもないやんちゃだけれど、純真で素朴でパワー溢れる存在ですよね。子どもたちのはじける笑顔に出会う度、〝よし、私もがんばろう〟と、幾度励まされ勇気づけられてきたことか……。子どもってどんな時にも後ろを振り向かず、太陽をまっすぐ見つめて咲くひまわりの花のようだと思いませんか。

二部は保育実践論です。

私は長年主任保育士としてフリーの立場で子どもたちに接してきました。受け持ちがないというさびしさはあったものの、担任とは違った角度から子どもの姿を観察することができたし、全体像を把握しやすいという利点を大いに生かしつつ、職場のみなさんに支えられて実践に携わることができたと思っています。

今までの経験から私なりに気づいたこと、学んだことを「保育の中で大事にしたいこと」として、思いつくままに書き記しました。

確かにこの世の中、不安が渦巻いていますが、それにめげてばかりいるわけにはいきません。子どもの無限の可能性を信じるということは難しいかもしれませんが、でもやっぱりそのことを信じつつ「おもしろいことみ～つけた」の精神で前を見つめて歩を進めていきましょう。

この本が少しでもみなさんの「明日からの保育」に役立てていただければ、こんなにうれしいことはありません。

もくじ◉シナリオのない保育

もくじ

子どもと過ごす極上の時間《とき》

あそびの心、伝授します

空に昇ったすいか

これは五歳児九名、担任一名、それに私で繰り広げるすいかの実践です。それがなんと、すいかはすいかでも、ばばばあちゃんからもらったすいかの苗、一体どんなすいかに育つことやら……。

花壇にはすいかの苗がたった一本

五月は草花や小動物たちの新しい命の輝く季節です。つばめや、カタツムリ、かいこ、だんご虫など小さな生き物たちは一斉に卵を産み子育てをはじめます。

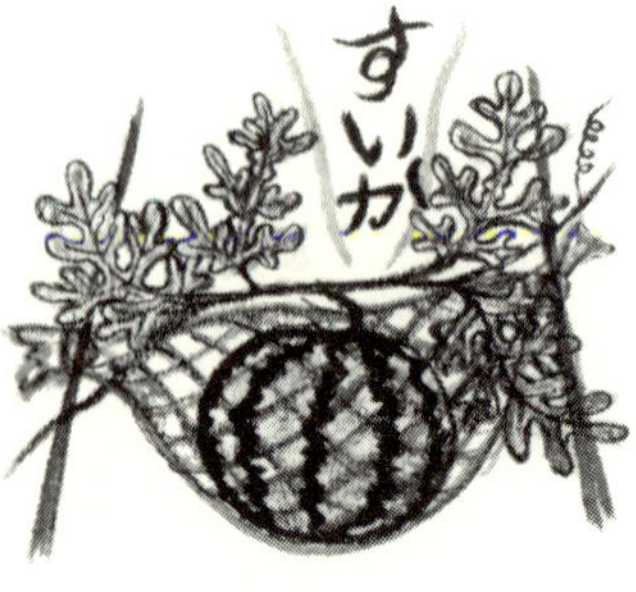

子どもたちが石の下をほじくり返し、だんご虫をポケットやカバンに詰め込みお母さんを驚かすのもこの頃です。木の梢には柔らかい新芽が芽吹いて眩しいくらい。生き物たちすべてが活気に満ち溢れています。

この時期、保育園では野菜の苗を買い込んで野菜づくりの準備をします。ネコの額ほどの花壇とプランターに幾種類かの苗を植え、収穫した時の喜びを思い浮かべながら、野菜の成育を見守るのも楽しみの一つです。

子どもたちと相談し、なす、かぼちゃ、プチトマト、きゅうり、ピーマンを植えることにしたのですが、今年はすいかづくりにも初挑戦してみようということになりました。

今まで野菜のバーベキュー、野菜サラダ、きゅうりの丸かじりなどのクッキングはしたことがあったのですが、なにしろすいかは初めてのこと、どでかいすいかを包丁でパカッと割って真っ赤に熟したところをガブッとかぶりつき、『おいしい〜！』大人だってワクワクしてきます。

ところが問題なのは植える場所、すいかはつるが伸びるので広い場所が必要なのです。二メートル四方しかない花壇にあれもこれも植えるのは無理です。この際、思い切って花壇にはすいかの苗一本だけ植えることにしました。二本のすいかの苗のうち、もう一本はつるが伸びていってもよさそうな池のそばのプランターと決めました。その他の野菜たちもプランターで育てようと苦肉の策です。窮屈な場所での栽培、行く末がチョッピリ心配です。

ばばばあちゃんからもらったすいかの苗

すいかづくりはお百姓さんでもなかなか難しいと聞いていたので、正直なところまったく自信はなかったのですが、運よく作業員のおばちゃんが野菜づくりの名人だったので教わることにしました。それにはまず、土づくりが肝心。給食の野菜くずを山盛り埋め込んだり、枯葉でつくった腐葉土を土にすきこみフワフワのベッドのような状態にします。

土づくりが完了すれば、あとは苗を植えるばかりです。

ただの野菜づくりではおもしろくないな、何かワクワクするような栽培方法はないものかしら。この時、私に一つの考えが浮かびました。そうだ、ばばばあちゃんからもらったすいかの苗を植えるっていうのはどうかしら、なんだかとっても夢があって楽しそう。

植える一日前に子どもたちの大好きな絵本、さとうわきこ作『すいかのたね』（福音館書店）を読み聞かせました。ユーモア溢れるストーリー、こんなにいっぱいすいかがなったらいいのになあ、子どもたちの頭の中はゴロンゴロンすいかだらけ。

さて翌日、この日は汗ばむほどの陽気となりました。

古いプランターの土と新しい土とを入れ替えるのに、子どもたちはスコップと一輪車運びで汗だくになりながら働きました。いよいよ苗植えです。一本一本の苗を見せながら、

保「これはなんの苗か分かる？」

子「きゅうり」「なすび」「トマト」「はっぱもトマトの匂いがしとる」

とこんな調子で、次々苗のあてっこをしていったのですが、一番最後にすいかの苗を見せました。

保「これはなんの苗か分かる？」

子「かぼちゃ？」「きゅうり？」

なるほどはっぱはよく似ているのですが、なかなかいい当てるのは難しいようです。

K子「すいか！」

保「よう知っとったなあ」

K子「おばあちゃんが植えとったもん」

保「そう、K子ちゃんとこのおばあちゃんお野菜つくってるもんなあ。ところがこのすいか、そんじょそこらにあるすいかとわけがちがうんやに。このすいかはな、ばばばあちゃんからもらってきたすいかの苗なんやに。ゴロンゴロンといっぱいなるといいのになあ」

今までペチャクチャしていたおしゃべりも、この話の時にはシーンと静まりかえって聞い

ていました。そしてなんの疑いもなくばばあちゃんからもらったすいかの苗だと信じこんだのです。

「早く大きくなってね」「おいしい実をつけてね」と大切に野菜の苗を一本一本植えていったのですが、最後にすいかの苗を植え終えた時、「先生！　今プルッと動いたみたいや」と誰かがつぶやいたのでした。

地球も太陽も町中みんなすいかだらけ

その日の給食の時間のことです。話題はすっかりすいかのことでもちっきりとなりました。その時の会話を担任がクラスだよりに載せましたので一部紹介します。

子「あのさあ、事務所の前に（すいかを）植えたでさあ、窓からつるとか葉っぱとかどんどん入っていって、岩附先生の机の上にもドッデーン、園長先生の机の上にもドッデーンてすいかがなったりして……」

子「階段のとことかもどんどん上ってきたら歩けやんようになるなあ」

保「そうなったらピョンピョンすいかをまたいで歩けば」

子「さくら組の部屋の中もすいかでいっぱいになったらどうやってお昼寝するの？」

保「すいかの間で体を細うくして寝るんじゃないの」
子「えっー！　じゃあ保育園中すいかだらけになって、すいか保育園になる！」
子「保育園だけじゃあないよ、道路とか、よその家とかも、すいかでいっぱいになってさあ、町中すいかだらけになってしまうかも」
子「すいかでいっぱいでさあ、すいかを減らすために町中の人が毎日すいかばっかり食べとらなあかんよ」
子「そんなにすいかばっかり食べとったらすいかみたいな顔になってしまうよ」
保「えっー！」
子「太陽もすいかになって、地球もすいかになるよ」
この話を聞いた私はシメタ！　と思いました。みんなで話していくうちに自分たちの植えたすいかの苗と、ばばばあちゃんのすいかのイメージとをだぶらせながら次第に絵本から離れ、自分たち独自のイメージへとどんどん広がっていきました。
子どもたちの溢れる思いをみんなで絵に描いて表現させてみたらおもしろいだろうなあと思いたち、模造紙サイズの厚手の白画用紙を用意して、その紙の中央下に子どもたちが描きやすいようにと、保育者が小さな双葉のすいかの苗を描きました。
さっきから子どもたちは、もう描きたくって描きたくってウズウズウズウズ。

カラーマジックを握るとグイグイグイと描きだしました。

〝すいかのつるがぐんぐん伸びてすいか鉄道になっちゃった〟。緑と赤で塗り分けた線路にすいか駅。みんなですいか電車に乗っているところの絵は、電車は真っ赤に塗り潰し黒の種のポツポツが……。

すいか保育園の窓からすいかの子どもたちが見ているところ。すいかの青虫、すいかのかえる、すいかのかいこ、すいかパトカー、すいかバス、すいか人間、どれもこれもみんなすいかの模様。〝地球もすいかになっちゃった〟。

「先生、紙もっとつなげてよ」

「もっともっと」

どんどん継ぎ足して、とうとう六枚つなぎの大作になりました。それでもまだまだ描きたりないようすなので、一週間くらい好きな時に自由に描けるようにと、紙とマジックを室内に設定しておきました。楽しくおしゃべりしながらの共同画は抵抗なく描けるようで、一人だとなかなか手が進まなかったMちゃんやAちゃんも楽しく描くことができました。

しかられたすいか

六月も半ば、子どもたちの植えた野菜はぐんぐん成長し、プチトマトやきゅうりにかわいい実がつきました。ところが肝心のすいか、三週間たってもあまり変化が見られません。少しは伸びているのですが、どうみてもばばばあちゃんのすいかのようではありません。絵本のすいかのイメージとあまりギャップが大きすぎると興味をなくしてしまうのではないかと心配になってきました。『一体子どもたちはどう思っているのだろう？』ちょうどそこへ通りかかったK君に話しかけてみました。

保「すいか大きくなってきたなあ」

K君「そんでも一週間たってちょっと伸び、一週間たってちょっと伸びしとるで普通のすいかとちっともかわらへんやんか。ばばばあちゃんのすいかは、ぐっとたってつるがぐんぐん伸びていったのに」

すいかに対する期待が大きかっただけにK君は不満たらたら。そこへ数人の子どもたちも集まってきました。

M「ばばばあちゃんみたいに、すいかに文句を言って、怒らせたらええんとちがう」

保「それええ考えや。おまえはどうしてそんなにのろまなの！　ぐずぐずせずに大きくおなり！」
子「なんでチビチビしか伸びやんのやこのバカ！」
子「いいかげんに伸びろ！」
子「くやしかったらもっと伸びてみろこのバカ！」
次々子どもたちが寄ってきて大合唱。私もいっしょに叫んではみるものの、どうしても周囲の目が気になります。『ああ恥ずかしい』と思いながらも、『ええい、子どもたちのためだ怒鳴ってやれ』。
子、保「こら、すいかわかったか、わかったらとっとと伸びろ、のろまずいか！」
保「もう怒ったぞプッツンってゆうとるみたいやなあ」
それから二週間がたちました。それでもすいかはまだ、しかられ続けています。
K子「私のおばあちゃんとこのすいかは、もうこーんなに大きくなっとるわ。からすが食べるとあかんで、わらのおうちがつくってあるの」
保「おい聞いたかすいか！　K子ちゃんのおうちのすいかはもうこーんなに大きくなっているというのに、おまえはなんだ！　えっ！　大きくならないのか！」
K子「いつまでもうじうじしとらんと大きくなったらどうだ、すいか！」

とてつもない計画

その後、しかったかいあってか、すいかは小さな花壇にうずを巻くようにつるをぐんぐん伸ばし、テラスにも園庭にもかま首をもたげたへびのように〝これでもばかずいかというのかい、えっ！〟と言うかのようにはい出してきたのです。

このままいけば通路に出て踏まれてしまいます。うれしい悲鳴なのですが、処置の方法に困ってしまいました。

保「しかたがない、ヘチマのように空に向けてつるをはわせるしか方法がないなあ」

作業員のおばちゃん「足洗い場の屋根に竿を固定し、もしすいかがなったらハンモックをつくったらええが」

保「それおもしろいかも。すいかが空でプランプランしとるのって見たことない」

保「めずらしいよなあ、こんなすいかの育て方って。よし、挑戦してみるか」

はじめはジョーダンのつもりが思わぬ方向に話が進み、職員の間ではけっこう盛り上がったのでした。

頭の痛いすいか対策

六月の末、子どもたちにこのことを相談してみました。

保「さっきすいかのそばを通ったら、すいかのつるがプルッと揺れて〝おいらをいつまでこんな狭い所に閉じ込めておくんだい、いいかげんにしろ、えっ！〟って怒っとったよ」

子「なんで岩附先生はすいかの言葉が分かるの？」

K君「やまんばやでわかるんや」（四年前、やまんば探険にいったとき、やまんばの声色を使っただけなのに、私のことをやまんばだと思い込んでいる）

保「すいかも人間の言葉がわかるんやに。がんばってきれいな花を咲かせてねというと、本当にきれいな花が咲くんだって。知らん顔して育てた花は小さな花しか咲かへんのやて。そやで、すいかにも話しかけてやるとすいかはがんばって大きくなるんだって」（しかっても、やさしくても心を込めて語りかけることが大切。無視すると成育が遅れるという話は本当らしい）

子「ふうーん」（半信半疑）

保「ちょっと聞きたいんだけど、すいかを毎日見ている子はどれくらいいるの？」

K君「ハーイ、ハイ、ぼくは朝保育園にきた時と歯磨きする時とお昼寝の時と帰る夕方見とる」

T君「ぼくもK君とおんなじだけ見とる」

ぼくもわたしもと先を争って手をあげる子に混じって、意思表示しない子も四名ほどいます。すいかへの関心度にもどうやら個人差があるようです。

保「ところで、すいかがこんなとこ狭いってゆうとるけど、どうしたらええと思う?」

子「すいかのそばに置いてあるの（プランター）をどけて、それをどっかに引っ越しさせればええやんか」

保「たったそれだけ場所が広くなるだけでは、ちょっと無理やと思うよ」

保「あのな、先生たち考えたんやけど、長い竿をさしてお空に向けてどんどん昇らせたらええと思うんやけど、どう?」

両手をあげて賛成してくれると思っていたのに、子どもたちの反応はいま一つ気乗りがしないようです。それどころか異論を唱える子も現れる始末です。

子「歩いとる人の頭の上にすいかが落ちてきたらすいかが割れてしまうし恐い」

案外現実的な子どもたちの意見に、少々意外な気がしました。

保「大丈夫!　落ちないように網を張るから」（必死で説得）

子「ふうーん」（それでもまだ納得いかない表情）

広がるイメージ

このへんで子どもたちの気分を変え、楽しいイメージを広げていきたいと思いました。
保「すいかのつるがどんどん伸びていって屋根まで昇って、それでもつるはどんどん伸びてお空まで届くかもわからんなあ」
子「そんなに伸びていったら、天国までいってしまうんじゃないの」
子「ええっー！　そんなんになったら困るやんか！」
子「ええやんか、天まで伸びたら願いごと聞いてくれる天の神様やおり姫、ひこ星にもすいか食べてもらえるやんか」
子「すいかのつるが伸びていって天国までいったら、おり姫とひこ星がおって、天の川の所へすいかが伸びていって、おり姫とひこ星がすいかの上を歩いたらええう」
子「そしたらまた、おり姫とひこ星は喜んで遊んでばっかりおるようになると困るんとちが
折しも七夕様をひかえ、短冊や笹飾りをつくっている最中だったので、すいかのつると七

夕様が結びついて空の上の物語に花が咲きました。これで子どもたちの不安はあっけなく解消してしまい、空にむかってはわせることに賛成と、いとも簡単に心変わりしてしまったのです。

保育園のスター

竹をさし、野菜用の網を張ってみると、〝待ってました〟とばかりにすいかのつるはくるくるとからみつき、ぐんぐん空に向かってのぼりはじめました。勇ましいすいかのつるを見て子どもたちはいろんなことを思い浮かべます。

「りゅうみたいや」なるほどつるの先にはりっぱなひげがあって、まるで身をくねらせ空に昇るりゅうのようにも見えます。

またある子は「ジェットコースターみたいや。まだつくっとる最中、もっと上のほうにもぐんぐん伸びていかんならん」

今までさんざんのろまとばかにされてきたすいかは、〝えっ！　どんなもんだい。これでもぐずというのかい〟といばりながら見る見る間に青々とした葉っぱを繁らせました。

三十五度という猛烈な暑さを記録したこの夏、すいかの葉っぱの下はみんなの憩いの場となり、涼しい風が通り抜けます。やがてすいかは得意そうにプランプランと三個の実をつけ、どんどん大きくなりはじめました。

こうなるといまやすいかは保育園のスター。

誰の目にもつきはじめ、毎日のように話題に上がるようになったのです。

しかし残念ながら、三個のすいかのうち一個は重さに堪え兼ねてドッスンと落ちてしまったのですが、あとの二個のすいかはまるまると順調に育ち、つくってもらった網のハンモックの上でぶらんぶらんと気持ちよさそうに揺れています。

その姿を見た外来者は一様にいいます。「めずらしいですなあ、すいかもこんなふうにしてできるもんですか」「あら、すいかがあんなところにぶら下がってる」。そしてまんじりとながめてから帰っていきます。

最初、すいかの苗に対して関心度が低かった四人の子どもたちも、今やすいかの収穫を心待ちにするようになり、特にJ君はお母さんと一緒に『今日はどれくらい大きくなったかな』と、毎日すいかをながめながら帰るのが日課となってしまったようです。

すいかの収穫近し

子「いつになったら食べられるかなあ」
子「早く食べたいなあ」
暑い中、水を切らさないようにせっせ、せっせと水やりに励む子どもたち。そんなある日、事件が起きました。
同じすいかでも池のそばに植えたすいかはみんなの目から離れているので、ひっそりと目立たない存在だったのですが、その割には大きく成長していました。
ところがどうしたものか、このすいかにビビィとひびが入り割れていたのです。
「あぁーもったいない」。やっとの思いで育てたすいか、ここまで大きくなったのに残念無念！　それでも気を取り直して、ピンク色した果実をみんなで一口ずつスプーンですくって食べてみました。
保「うーん、ほっぺが落ちそうにあまーい」
子「おいしいなあ」
子「うんうん甘い」

まさか食べることができるとは思っていなかったので大感激！　ますます残された二個のすいかに期待がかかってきます。
ノックをしながら中のようすをうかがってみることにしました。
保「すいかはトントンとノックすると、おいしいかどうか分かるんやに。どおれ、トントントン」
すいかに耳を押し当ててみました。
子「なんてゆうとる？」
保「マーダ、マーダってゆうとる」
まるまる太ったすいかはハンモックからはみ出して、今にも落ちそうです。
子「先生、もう食べてもええか、すいかに聞いてみてよ」
保「ふーむ、どおれトントントントン」
子「なんてゆうとる」
保「もう少し、もう少し」
子「もうちょっとやて、いつ食べられるのかなあ」
保「トントントン、大分音がようなってきた。このようすでは食べられる日も近いみたいやなあ」

すいかの音も、熟していないとにぶい音がしますが、食べごろになるとたたく音もピィーンと張りがあり、跳ね返ってくるような手応えがあります。

すいかとお別れ

ついに八月三十日にすいかを食べることに決定しました。世間の店先ではもうとっくにすいかは姿を消し、秋の味覚のぶどうやなしがお目見えしているというのに、なかなかどうして保育園のすいかはりっぱな一番成りです。

この日の朝、すいかに耳を押しつけてみました。

子「すいかなんてゆうとる？」

保「いいかげんに食べたらどうだ！　ってゆうとるみたい。みんなもトントンってたたいてすいかに聞いてみたら」

子「今ね、いつまで待ったら割ってくれるのだ、もう網のゆりかごの中にいるのは退屈した。早く割って食べてくれ、プッツンってゆったよ」

時期は食べごろ。今まで大切に育ててきたすいかとも今日でお別れと思うと、なんだか胸の奥がキュンとしてフクザツーな気分。なんなのでしょうこの気持ち。

どうやらすいかと人間との間に感情の交流が芽生えたようです。まるですいかと友だちのような感覚というのでしょうか、収穫の喜びよりも別れのさみしさのほうが強くなるなんて思ってもみなかったことです。

ハンモックの上のすいかを大切に抱きかかえ、錯綜する思いを断ち切るかのようにハサミでチョッキンと切り落としました。

ずっしりとした重み。早速体重計に乗せ計ってみました。四キロと三・六キロ、ちょうど生まれたての赤ちゃんくらいの重さです。子どもたちはかわるがわる抱きながら重さを実感。

子「ウヘェー、重たあーい」

まるまる太ったすいかに大満足です。

すいかを切ったらどうなるか

保「さあいよいよ包丁で切るよ」
保育園の全員をテラスに集め、みんなによく見えるようにと机の上にゴロンとすいかを乗せました。子どもたちは今、どんな気持ちでいるのだろう。ばばばあちゃんのすいかのようにパカッと切った時、大きな声で怒鳴るとでも思っているのだろうか。とても興味がありま

空に昇ったすいか

した。でも、何にもしゃべらないすいかを見てガッカリしないだろうか心配にもなりました。

保「すいかを切ったらばばばあちゃんのすいかのように、何かしゃべるかな？」

子どもの目はすいかに釘づけ、気味が悪いほどシーンと静まり返っています。

包丁の刃先がすいかに触れた瞬間〝プシュ！　パシュ！〟の音にみんなびっくり仰天。

中から真っ赤な果肉が見えると、ワアッともほぅーともつかぬ歓声が上がりました。

うーん、そのまたすいかのおいしいこと。乳母車に乗った赤ちゃんから年長まで真剣な眼差しで、ほんの一口のすいかを味わいながら食べています。

子どもたちの心の中にばらの花が咲いた

子どもたちの感想をぜひ聞いてみたいと思いました。
保「すいかが切られた時、どんな気持ちがした？」
K君「心の火山が爆発したみたいになった」
M子「すいかを切った時、アッという気持ちになって、心の中がいちご色になった」
T男「今まで水やり大変やったけど、すいかを見てよかったと思った。すいか赤かったでキセキかと思った」

N子「どの日に食べられるやろといつも思っとったから、食べられてよかったと思った」

S男「おいしいってゆってもらってよかったって、すいかがゆうとる」

保「プシュッ、パシュッてすごい音がしたなあ」

子「大きいすいかのほうが大きいプシュッという音がした。いやなおもいやりがいっぱいあったんじゃないの」（のろまずいかと言われ、怒りがいっぱいつまっていたという意味）

Mちゃんは迎えにきた母親に「すいかを切った時、心の中にばらの花が咲いたみたいやった」と報告していました。

すいかに対する今までの思いが一度に放出されたような子どもたちのこの言葉に感激！すいかを叱咤激励し語りかける中で、徐々に育ってきた子どもたちとすいかの不思議な感情、いつものようにせっせと水をやるだけの栽培方法ではこの気持ちはきっと味わえなかったことでしょう。

すいかと共に過ごした子どもたちの夏はこうして終わりを告げました。

まさかすいかと心の交流ができるなんて思ってもみなかったことです。今まで何度となく野菜や花の栽培はしていたのですが、こんな経験は初めてのこと。改めて保育の奥の深さに驚きとやりがいを感じたものです。

私は常々、自然は友だちと思いながら保育をしてきました。みんな生きている、お花だって野菜だって、小さな生き物だって話はできないけど、愛情をこめて育てれば必ずそれに応えてくれるはずです。きれいな花が咲き豊かに実れば誰だってうれしいものです。

ただ子どもたちはゆったりとした時間の中でじっくり観察し、様々な発見や感動を味わっているのに、大人はなぜか時間を急ぎ大切なことを見過ごしてしまっているのではないでしょうか。子どもの小さな発見から、お話づくりや絵画、劇などいろいろな分野へと発展させることができるのですもの、こんな楽しいことはありません。

子どもの心と同化し、驚きや喜びを共有する中で生まれる保育の発想って大切だなあって思います。往々にして行き当たりばったりになってしまったり失敗することも多いのですが……。大人の考えや物の見方で子どもを枠にはめず、もっと柔軟な姿勢で子どもを見つめる目を養うべきじゃないかなと思うのです。

すいかの実践で思ったこと、それはその場、その時、その子どもの見せる様々な心の動きに合わせて展開する、多種多様な保育の持つ可能性ということです。

子どもって本当に素晴らしい！　そしておもしろい！

来年の夏もまたすいか君に会えるとイイナ！

たんぽぽ組のヒヤシンス日記

十一月から翌年の二月にかけて保育園では水栽培をします。

水栽培といっても動きのない植物に対しての興味は、年齢的にも少々難しいのではないかと思っていたので、花瓶に飾るお花のような感覚で部屋の片隅にでも置いておけばいい、そんな安易な気持ちで球根を購入したのでした。

ところが年長児のすいかの実践をきっかけに、植物の栽培も保育者の導入方法いかんによっては楽しいものになり、どんな小さな生き物や植物でも心の交流がもてるのではないかということに気がつきはじめました。

五歳児では、すいかの次はクロッカスの水栽培をします。球根に名前をつけて育ての親に

なろうというのです。なんだかとってもおもしろそう。（注）
それじゃあ三歳児クラスではどんな栽培方法があるのだろうか、またまた私の好奇心がムクムクと頭をもたげてきました。
クロッカスの場合は年長児だったので、責任もってお世話できるから一人一個、でも三歳児では少し難しく保育者が中心になっての世話になるので、ヒヤシンスの球根をクラスに一個ということにしました。せめて二〜三個とも思ったのですが、みんなの気持ちが一個のほうが集中しやすいと思いました。

（注）『季刊保育問題研究』一七三号（新読書社）

「こんにちは」お客様はヒヤシンスの球根

私の立場はフリーの主任保育士ですから、保育者の手の足りないとき手伝いに入ったり、クラスの子どものようすを見せてもらったり、時には担任の相談相手になったりと、必要に応じてクラスに入ります。今日は年長児にクロッカスを配りに行ったその足で、ヒヤシンスの球根一個をもってたんぽぽ組を訪れました。折しも楽器演奏中。保育の邪魔にならないようそっと球根を握ったまま、室内の片隅で楽器に耳を傾け、演奏が一段落するのを待ってから指人形を扱う要領で子どもたちに話しかけました。

「コンニチハ」紫色の薄皮を幾重にも重ねた球根はズッシリと重く、とてもつやつやしています。ヒヤシンスのあいさつにおもわず子どもたちも「こんにちは」、まるで新しいお客様でも迎えるかのように元気よく答えます。

保「これヒヤシンスの球根よ、知っとる？　お水をごくごく飲んで大きくなるんやに。赤ちゃんがミルク飲むみたいに」

楽器演奏の手を休めた子どもたち、真剣に球根を見つめています。続けて「球根でも人間に話しかけられたり、音楽聴かせてあげたりすると、ちゃんと分かるんだって。みんなの楽器演奏じょうずやったで、このヒヤシンスの球根にもう一回聴かせてあげて」と言うと、子どもたちは目を輝かせ俄然張り切り出しました。

そして今までにもまして、得意そうにタンバリンやカスタネットをバンバン、カチカチ打ち鳴らしています。

ヤッタア！　子どもたちが乗っている。保育者の気持ちがワクワクする一瞬です。

保「じょうずやったわ、ヒヤシンスも喜んでるよ」

たった一言のことばかけで球根に命が吹き込まれ、そこに友だちが存在するかのように思ってしまったたんぽぽ組の子どもたち。

すぐその気になってしまう三歳児クラスっておもしろい。

先生、球根なんてゆうとる?

ところで、S君とK君、楽器演奏が終わってからも球根のそばにきて、トライアングルをチーンチーンと打ち鳴らし「ヒヤシンスの球根なんてゆうとる?」

聞かせてくれるのはいいのですが、やかましくってこれには閉口、『マイッタマイッタ、モウヤメテクレ』の心境なのですが、そこは思い直して「じょうず、じょうずってゆうとるよ」。

このことばに気をよくした二人は、うれしそうにトライアングルを打ち続けています。

保「あっ、球根が何かゆうとる、みんな静かにして!」

あんなにやかましかった室内がシーンと静まり返ります。

保「ふんふん、なになに?」

さも話を聞くようなジェスチャーを交えながらヒヤシンスに耳を押しあてます。

子「なんてゆうとるの?」

保「ふんふんあっそう、わかったわかった。あのなあ、お水飲みたいってゆうとるわ」

容器に水を入れ、その上にチョコンとヒヤシンスの球根を乗せて、子どもたちが一番よく見えるオルガンの上に置きました。そこまで話をして私はいったん部屋を出たのですが、大切なことを忘れていたことに気づき、またたんぽぽ組へとUターン。

暗い場所み〜つけた

保「ヒヤシンスのお母さんから電話で、まだ小さいから暗くしといてちょうだいいってかかってきたの。赤ちゃんはよく眠るやろ、ヒヤシンスは暗い所で寝かせてあげると、大きくなるんやて、どこがいいかな」

みんなでかくれんぼするときのように、机の下をのぞいてみたり、ロッカーを開けてみたり、ワイノワイノの大騒動。するとNちゃんが「この中がいい！」と指さした所は、テレビ置き台の中。

保「ほんと、ここいい所やなあ。Nちゃんいいとこじょうずに見つけたなあ」

中は薄暗くってみんなからもよく見える場所で、水の取り替えもかんたんにできそうです。

保「ここがいいってNちゃんが言ってるけど、どうする？」

子「うん、うん、そこでええよ」

Nちゃんは自分の言った場所がみんなに認められ、ほほをポッと染めてニンマリうれしそうです。かくして球根のおうちはテレビ置台の中と決まりました。

こんどは名前をつけてあげようね

翌日たんぽぽ組に出かけた私は、次のことを子どもたちに提案しました。

保「なあ、ヒヤシンスの球根に名前つけたろか」

子「うんつけたろ」

すんなり賛成した子どもたちは、いろいろ名前を考え出しました。

R「ハナちゃん！」

保「ヒヤシンスのハナちゃんか、なかなかかわいい名前やなあ」

ところが、ハナちゃんをナナちゃんと聞き間違えたナナちゃん、自分を指さして「ナナちゃんってここにおるやんか」

R「ちがう！　ハナちゃん」

こんどはそばにいたS君も参加、話はよけいに混線。

S君「ねえねえ、カナちゃんはぼくのねえちゃんやんか」

R「ちがう、それはカナちゃん、この子はハナちゃんやろ」

ほっぺを真っ赤にして説明するRちゃんですが、なあるほど、ハナちゃん、ナナちゃん、カナちゃんどれも二文字、語尾にナがつく名前というので、聞き間違いから途中ことば遊び風へと、やや話がそれ気味に……。すったもんだのすえ、ようやくヒヤシンスの名前は〝ハナちゃん〟ということでおさまりました。『ハナちゃんってか～わいい』。「ヒヤシンスの球根」なんて呼ぶよりずっと親しみがわいてきます。

一躍みんなの人気者になったハナちゃんは、その後すっかりクラスの一員になってしまいました。

子どもたちが見せたやさしさ

ある日の朝のことです。三人の女の子がテレビの前でゴロリンと寝そべっています。何をしているのかなとしばらくようすを見ていると、テレビ置台の中の球根に向かって「ハーナちゃん、ハーナちゃん」「はーやく芽を出せハーナちゃん　出さんとハサミでチョンギルゾ」と歌っています。なんとほほえましい姿、花が咲くのがよほど待ち遠しいのでしょう。

子どもたちがハナちゃんに見せるやさしさは、いろんな場面で見受けられます。

室内がワーワー騒然としているときでも、いつも誰かが「シー、ハナちゃん目さますやろ」とたしなめている姿があります。するとどんなに騒いでいても、シーンと静まり返りヒソヒソ声になってしまうなんて、私が静かにしなさいって言っても、なかなか言うことを聞いてくれないのに、『なんなの？　ハナちゃんへのこの気の配りよう』。小さなハナちゃんを守ってあげなければというやさしさの表れなのでしょう。

ふだんヤンチャ坊主でアニメの世界にどっぷりつかり、友だちとも〝ヤッ、トウ、キック〟の遊びが多いK君ですが、「ハナちゃん、お水ゴクゴクのんどるなあ」「グウグウってよお寝とるなあ」とうれしそうにじっと見つめている姿に、いく度となく出会いました。K君ってやさしいところいっぱいあるんだね。

おもしろかったのはT君、私のそばでボソッとつぶやきました。「ハナちゃんは哺乳びんで飲まへんのかなあ」思わずポロリと出たことば。このときはべつだん気にもとめなかったのですが、あとでよう く考えてみると、T君はまだみんなにないしょで哺乳瓶を使っていたのです。でも第一そんなこと、みんなには絶対知られたくない、たんぽぽ組のお兄さんになったんだというプライドが許しません。でもついついハナちゃんの前では本音が出てしまったのでしょうね。

でもすっごいなあと思います。たかが球根一個、それも水栽培、よほど花に関心がなければばあまり興味をしめさないだろうという私の認識は、見事にくつがえされてしまいました。

ハナちゃんの根っこはサンタのおひげ

十一月も半ば過ぎ、球根からまっ白い元気のよい根っこがビャーッと伸びてきました。

保「ヒヤシンスのハナちゃんの根っこ元気やな。グングン伸びてきたなあ」

N「サンタさんのおひげみたい」

『そうそう、そのとおり、子どもって詩人だわ、実にうまく表現しているなあ』

ほんとうにサンタさんのおひげのような、白い根っこが勢いよく生えてきました。もうこれで明るい場所に置いても大丈夫です。

大切に育てると、植物でも人間から発せられる〝気〟のようなものを感じとり、それが刺激となってりっぱに成育するという説はほんとうなのでしょうか。ハナちゃんはつののような緑の堅い芽をのぞかせ、みずみずしい根っこは長ーく伸びて容器いっぱいに広がっています。

ハナちゃんの根っこって、くすぐった～い

季節は十二月、恒例のみんなでついたおもちを焼いて食べるもち焼きの日や、クリスマス会などの楽しい行事を目前に、保育園全体がルンルン気分で盛り上がっています。そんなある日、私は久しぶりにたんぽぽ組の子どもたちと、ハナちゃんを囲んでおしゃべりを楽しみました。

保「わあっ、ハナちゃん大きくなったなあ」

容器から球根を慎重に取り出し、子どもたちの目前にかざしてみると、意外や意外、思っていた以上に根っこがよく伸びて背丈が長いのに驚いてしまいました。

太くってまっ白な根は、もうサンタさんのおひげの比ではありません。まるで水がしたたるまっ白なドレスのように華麗（?）です。

それを見ていると、なんとなく下からのぞいてみたいような気分になりました。

保「ハナちゃん、りっぱな根っこだね。ちょっとおしりのぞかせてね」

子「キャーッ！　はずかしい」

子「おしりやて。ウンチする?」

まっしろな
ドレス
みたい!

子「おしっこする？」
子「花はウンチせえへん」
こんな会話がありまして、それからハナちゃんの美しい根っこを触らせてもらって感触を楽しみました。
保「そっとね、一人ずつ触ってごらん」
子「ヒャーッくすぐったいよ〜」
子「つめた〜い」
子「お水が落ちる」
子「ハナちゃん大きくなってきたで、皮がビリビリめくれてきとる」
ただ観察してながめているだけではつまらない。球根の重量感や、今にもポキッと折れそうに繊細な根っこに触ったときの、くすぐったいような感触、球根からニョッキリ突き出た、つののように堅くてつややかな緑の芽、成長するにつれはがれそうになる紫色の薄皮、どれも触れてみてはじめてわかることばかりなのです。
触れたり、匂いを嗅いだり、遊んだり、五感を十分働かせながら、植物だって生きているんだという実感をもてる子どもに育ってほしいと思うのです。

ハナちゃんはたんぽぽ組の福の神

節分の日のことです。朝からいわしを食べ、窓という窓にはひいらぎのチクチク葉っぱをペタペタと張りつけました。部屋には新聞紙を丸めた豆をたくさんつくり、鬼が来たらやっつける作戦をたてていました。

きのうまでは「キックしてやっつけたる！」と息巻いていたのですが、どうも本番になると元気の出ない子どもたち、年長のお兄さん、お姉さんたちが各クラスに張りついて、小さい子どもたちを守ってくれることになっているのですが、その後ろにへばりついて、いやに弱気です。でも赤鬼、青鬼の出現でビビリまくったそのわりには、鬼のようすをよく観察していました。鬼が逃げ去ったあとの会話です。

「つのがこんなとこから出とったよ」（鬼が暴れたとき、かつらがズレてしまった）

「口がこ～んなんやった」（面をかぶっているので、口が動いていないと言いたいのだろう、指で一の字を書く）

「髪の毛が見えとったであれは人間やった」

「ぼくのねえちゃん守ってくれた」

「ヒヤシンスのハナちゃんが守ってくれたでよかったなあ」

「いつも私たちがやさしくしとるで、ハナちゃんが守ってくれたなあ」

「ハナちゃんはお水飲んでこーんなに大きくなったで、強いんやなあ」

『えっ、なんでそうなるの？』と不思議に思ってしまうのですが、日頃のハナちゃんの成育ぶりを脅威の目で見ていたS君とTちゃん、きっとこのときハナちゃんが頼もしく思えたのでしょう。


ヒヤシンスが鬼からたんぽぽ組を守るなんて、なんとひとりよがりなと思ってしまうのですが、子どもたちはなんの疑問ももたず、うなずき合っています。これも三歳児の特徴なのでしょう。いつのまにかハナちゃんは、たんぽぽ組の福の神にまつりあげられてしまいました。

担任「ところでさあ、うちのハナちゃんは根は伸びるのに花がちっとも咲かんわ、なんでやろなあ」
保「そうやなあ、他のクラスのヒヤシンスはもう咲きだしとるなあ。でもさ、根がいっぱい伸びて、どこのお部屋よりもりっぱな花が咲くんじゃあないの、なあハナちゃん」
のちに、どのクラスにも負けないほどのりっぱな双子の花を咲かせることになるのです。

ハナちゃんが笑えば子どもたちも笑う

二月も半ば、ついにムクムクムクと花芽が頭をもたげてきました。
子「ワアッ、ハナちゃんの頭出てきたぁ！」
子「早くみんなに会いたいってゆうとるよ」
子「お顔出したいってゆうとるみたい」
ようく観察してみると伸びてきた茎が二つに分かれています。
保「あれっ、ハナちゃん双子や、めずらしいなあ」
今日は子どもたちにとって特別の日です。給食時、ハナちゃんを囲んでお食事会としゃれこみました。そのときの会話です。
子「ハナちゃんグングン大きくなって、窓の外へ出て行ったらどうしょう」
子「宇宙へ（伸びて）行ったら？」
子「ぐんぐん伸びて、ドバッってきのこみたいなん咲いたらどうする？　岩附先生聞いてみてよ、ハナちゃんに」
保「どれどれハナちゃん、ハナちゃん、Nちゃんが聞いてくれって言うんですけど、なになにうんうん」

つぼみに耳を押しあて、ハナちゃんから話を聞いているようすをして見せたときの真剣な子どもたちの瞳、私の次のことばを待っています。

子「なんてゆうとった？」

私はなんと返事をしたものやらハタと困ってしまいました。すいかのつるならぐんぐん伸びて、天まで届くとイメージしやすいのですが、ヒヤシンスがぐんぐん伸びてドバッと咲くなんてちょっと想像できないし、その場の思いつきで「ケラケラケラって笑うとる」と苦しまぎれの返事をしました。するとNちゃんが「ケラケラケラ」うれしそうに笑い出しました。それにつられるようにそばにいたRちゃんも「ケラケラケラ」。しまいには全員で「ケラケラケラ」。ハナちゃんと心は一つなのです。

子どもたちにとって、待ちに待ったヒヤシンスのつぼみがほころびはじめたという、喜びと期待感でいっぱいなのでしょう。そんな気持ちの表れとして、実際目の前にあるヒヤシンスの大きさとはかけはなれた想像をして楽しんでいるようです。

子どもの見方っておもしろい

ムクムクと盛り上がったつぼみがうっすら紫色に染まり、かなり一つひとつのつぼみの形がはっきりとしてきました。それをS君とK君の二人がジーッと見ていたかと思うと、私の手を引っ張り、

「ねえねえハナちゃんを見て、ほら」

「これ見てみチンチンみたい」

二人の得意そうな顔、どれどれそれではとつぼみをまじまじ見ると、なんとそっくり！

私もびっくり仰天「へエー、ほんとうや、おチンチンそっくりや」

ユニークな発想に度肝を抜かれてしまいました。

保「じゃあさ、お顔近づけてこうやって見ていたら、ハナちゃんオシッコシーってかけるかな？」

S、K君「アッハ？」

お花のシャワー

そんなこんながあってそれから一週間……。

ハナちゃんは、それはそれは見事な濃紫色の花をびっしりつけました。双子なので、どのクラスのヒヤシンスよりも大きくりっぱです。しかも芳香をプンプン部屋中に漂わせています。

R「わあーい、わあーい、ハナちゃんお顔出してきれい」

S君「ほんとうや、紫の花やなあ」

うれしさを押さえきれず、みんなでハナちゃんをワッセイ、ワッセイかつぎ出し、まずは事務所へ。

「園長せんせ〜い、ハナちゃん咲いたよ」

そこでハナちゃんをまん中に、たんぽぽ組の子どもたちと記念撮影を。ハイ、ポーズ！

K君「いいにおいがするよ」

S君「お花のシャワーや」

保「ほんとうにええにおいがするなあ、みんなにお花のシャワーをプンプンまいてくれるなあ」

甘さでむせかえるような強烈な香りのハナちゃんを、またもやワッショイ、ワッショイと自慢気にクラス巡りをしました。どのクラスの先生からも、「まあきれい」と言ってもらって鼻高々でした。

お花が咲いた記念にみんなでハナちゃんを描きました

「こんなに大きくのびのびと描けたわ」と担任のO先生。ハナちゃんが咲いたのを記念して描かせたヒヤシンスの絵を見せてくれました。
一人ひとりの絵に、その時々の子どもの気持ちが綴られているので紹介します。
S君：ハナちゃんがお友達の花と一緒になっていいにおいってゆうとんの。
(お友だちの花とは、ヒヤシンスの横に飾ってあった菜の花と水仙を生けた花瓶の花のこと。同じ花同士は仲間ととらえているようです)
K君：ハナちゃんが砂場で山つくって遊んどるの。
M：ハナちゃんがたんぽぽさんの子と一緒にごはん食べとんの。
R君：ハナちゃんがお昼寝しとんの。

はなちゃんが
よるだから
いまねとんの

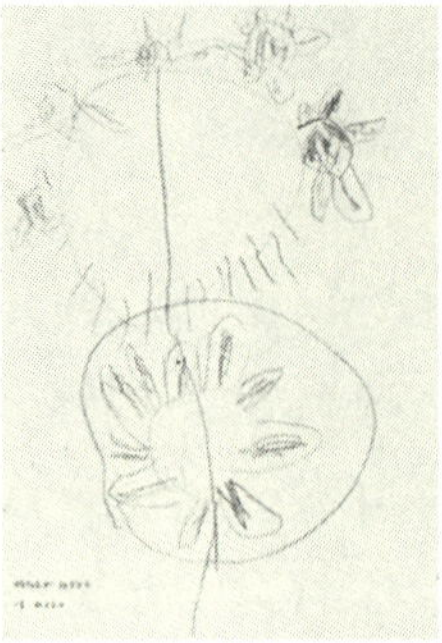

はなちゃんが
もっともっとさいてくんの
まっとんの

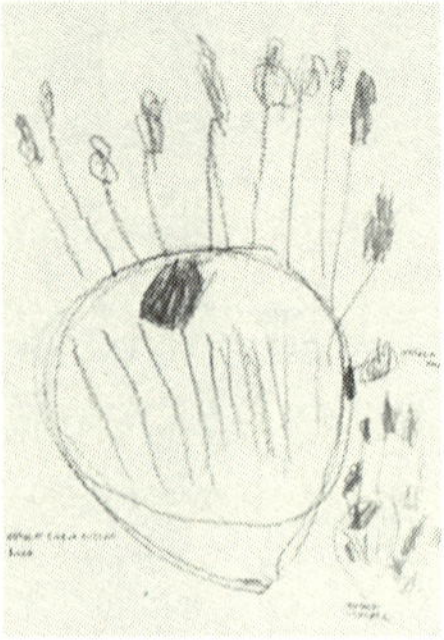

R子：ハナちゃんが夜やでいま寝とんの。
S子：これハナちゃんの髪の毛、ハナちゃんがもっともっと咲いてくるのを待っとんの。これはハナちゃんがいじめられたん。
T君：ハナちゃんがおうちで新幹線のこうた（買った）ばっかのおもちゃで遊んどんの。

どの絵も四つ切りの画用紙に伸び伸び描かれています。

三歳児にヒヤシンスの観察画なんて難しいと思うのですが、たんぽぽ組にとってのヒヤシンスは特別の存在、大切なお友だちなのです。どの子の絵も愛情にあふれたタッチで描かれていると思いました。

また来年会おうね

寒い冬に凛として立ち向かい、早春の頃花をつけるヒヤシンスは、寒さで縮こまってしまいそうな私たちの心をホッとなごませてくれる花です。

花が咲き終わったら、球根を太らせるため、茶色の葉っぱになって枯れるまで待ちます。三月の柔らかな日射しの中で、また来年咲いてね、と土

はなちゃんが
おはなさいて
おそとのプールで
あそんどんの

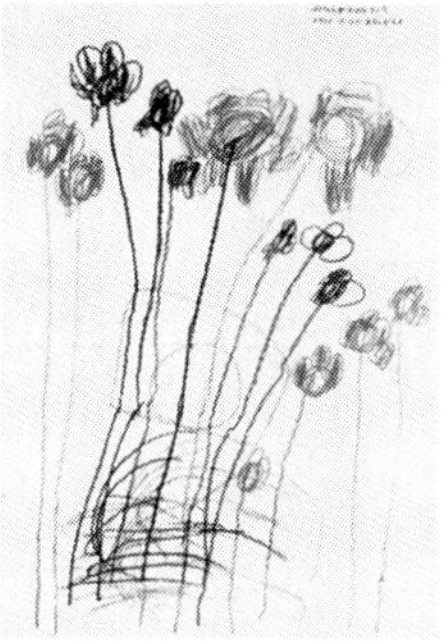

はなちゃんが
おともだちのはなと
いっしょになって
いいにおいって
いうとんの

に埋めることにしました。

ハナちゃんと別れを告げたたんぽぽ組は、もうすぐひまわり組になります。どの子の顔も進級する喜びと期待で輝いて見えます。

ハーナちゃん来年また会おうね。

年長組が育てたクロッカスは、安売りのお徳用セットだったため、大小さまざまな球根が入っていたのですが、その発育不良の球根にどうしても花を咲かせてあげたいという子どもたちのやさしい気持ちから、苦心惨憺しながら育てるのですが、みんなの願いもむなしく、ついに腐敗してしまいました。そのときの子どもたちの悲しみよう、感情の細やかさに見ている私たちも胸打たれたものです。

球根の栽培は、花が咲いても咲かなくてもいいのです。育てる過程に笑いあり喜びあり涙あり、たくさんのドラマが隠されています。

私はあらためて、水栽培にもいろんな栽培方法があるのだということを発見しました。

それじゃあ、三歳児クラスの水栽培はどうするか。その年齢の発達段階にふさわしい導入方法があると思うのです。

第一には年長児と同じく球根に名前をつける。二つ目にヒヤシンスを擬人化して子どもたちに話しかけるという方法です。すぐその気になってしまうのが三歳児の特徴。たちまちハナちゃんはマスコット的存在で大歓迎され、すぐさまクラスの一員になりました。

保育者は一人の発見をみんなに伝え、共通の話題へと関心をつなげていく役目があると思います。子どもがどこに興味をもっているのかを見つめ、共感関係を築いていく中で、子ども一人ひとりの気持ちが見えてきたりするものです。

保育者の意図的な働きかけがあったからこそ、五ヵ月という長期間興味を持続させることができたのだと思います。

年長児と比べると、ドラマ性は少ないものの、三歳児クラスの子どもたちが水栽培でこんなにも球根と友だちのように心通わせることができるなんて、まったく予想もしていませんでした。

子どもたちはヒヤシンスのハナちゃんとの関わりの中で、いくつもの発見をし、いくどとなく驚き、胸をときめかしてきたことでしょうか。

一人で育てるのでなく、みんなで育てたからこそ、よりいっそうハナちゃんへの愛情の高まりがあったのでしょう。

今の若いお母さんたちを見ていると、子どもたちが喜々として目を輝かせている虫たちを毛嫌いし、「キャ〜、気持ちわる〜い」と言って逃げていってしまう場面によくぶつかります。せっかくの子どもたちの科学する目を摘みとってしまいます。植物や小さな生き物たちを仲間として迎え入れ、楽しい経験をたくさん積み重ねることによって、植物がだあーいすき、生き物がだあーいすき人間に育っていくのではないでしょうか。

生き物は私たちのすてきな友だちです。

九匹のかいこと子どもたち

今回紹介するのは、五歳児九名に保育者一名、それに私が加わって展開するちょっとユニークなかいこの飼育の実践です。人数は少ないのですが何しろ元気がよすぎる子どもたち、てんやわんやの毎日を送っていた四月も過ぎ、季節はさわやかな五月へと移り変わりました。

このころになると桑の木にもようやく、待ち望んでいたもえぎ色の木の芽が芽吹き出します。さっそく、冷凍庫に保存中のかいこの卵を取り出すことにしました。かいこの飼育は今年で二年目になるのですが、どちらかというと保育者が主で子どもは時々桑の葉をやる程度のものでした。

昨年の反省をもとに今年は、一人が一匹ずつ飼育することにしよう、そして自分のかいこがよく分かるように箱に一匹ずつ入れるしきりをつくったらどうだろう、自分で育てるという思いが強まるのではないかと担任とも相談し合いました。

冷凍庫に入っていた厚紙の切れ端には、無数のかいこの卵がへばりついています。数枚ある切れ端の内の一枚を取り出し子どもたちに見せました。

薄黄色したのや灰色をした卵は、触ってみてもつるつるしていて堅く、ちょっとやそっとでは剝がれて落ちる心配もありません。

「これがかいこの卵？　つるつるしとる」

「さわってみるとかたいなあ」

ひしめきあいながら見つめている子どもたちに「かいこのお父さん、お母さんになって、みんなが一匹ずつ育ててみやへん？」と投げかけてみました。

「うん、うん、育てる、育てる」ほとんどの子どもたちは、大喜びでこの提案に飛びついてきました。

かいこのお父ちゃん、お母ちゃんになった子どもたち

子「早く生まれてこんかなあ」

「かいこちゃん、生まれてくる時ビチョビチョになって生まれてくるんやろ」

保「どうして?」

子「だってさあ、卵食べる時、中がベチョベチョやんか」

う〜んなるほど、経験に基づいた発想だなと感心。

その時、ひらめいたのがカモの赤ちゃんのことです。

保「なあなあ、カモの赤ちゃんって卵からかえって初めて見たものをお母さんって思うんやて、だからかいこの赤ちゃんも生まれてパッと顔を見た人をお父ちゃ〜ん、お母ちゃ〜んって思うんとちがうかなあ」

子「エエッ〜　ほんと?」「ウフフ……」

保育者が一人ずつ男の子には〝お父ちゃ〜ん〟、女の子には〝お母ちゃ〜ん〟とかいこの赤ちゃんの代弁をしながら呼びかけてやると、意外にうれしそうというより、照れくさそうな表情でニンマリする子どもたち。

子「そんな、ぼくら人間や」と半ばあきれ顔のT君。

このお父ちゃん、お母ちゃんになるというのがみそ。今までのかいこの飼育と大きな違いをみせる結果となったように思います。子どもたちにとって大好きな父、母は自分を一番愛してくれる人であり、日常の世話をしてくれる人でもあるのですが、その父、母にたとえかいこであれ自分たちがなるということで、俄然張り切りだしたのです。
ままごとごっこのお父さん、お母さんになるという意味合いとまったく違うのです。愛情と責任が常に伴ってくるからです。おもしろいことに今までのようにみんなで世話をしている時には、かいこと子どもとの間に距離を感じたのですが、一人一匹ずつ飼おうといったとたん、態度が一変したように思います。そして心配しだしました。
子「どうしょう、どうしょう桑の葉があらへん」
保「そうやなあ、採りに行かんならんなあ」
保「卵がいつかえるかわからんで注意して見とらんとあかんしなあ」
K君「夜、卵から生まれたらどうしよう」
子「おうちへ持って帰りたあ〜い」
みんなで卵を取り囲み、生まれてきたら自分の顔を一番早くに見てもらおうと思ったのかひしめきあいながら卵に顔を近づけています。
それから数時間後のことです。誰もいない室内でポツンとK君が座っているので不審に思い「何しとるの？」と覗いて見ると、ちょうど射し込んできた陽の光に卵をかざしてあっためていたのです。友だちにはよく乱暴を働き、けんかのたえないK君。
でもこんなやさしい一面があるなんて心温まる思いがしました。

桑の葉探し

かいこ育てに情熱を燃やし出したK君、「かいこのはっぱを採りにいかなあかんやろ。どうするの？　前に地図持って散歩に行ったことあるやろ。はよ桑の葉探しに行こに」

卵がかえってから桑の葉を探しに行くのでは遅すぎるというK君の親心がみんなにも通じ、保育園から子どもたちの足で三十分はたっぷりかかる「御山荘橋」まで桑の葉を探しに出かけることになりました。その前にこの長い道程を楽しくする、かいこに対する気持ちを深めるため、困難を乗り越え桑の葉を探しに行くという二点のねらいを持って次のことを提案しました。

保「桑の木が生えとるところまで行くには、三つの関門をくぐりぬけやな行けやん所なんやわ」

子「エエッー！」

保「第一の関門、やまんば山の近くの道を通って行く時、やまんばに見つからないように通ること」

子「イヤヤー！　こわーい」

保「第二の関門、小学校の中の道は通ったらあかんことになっとるけど、忍者になって誰にも見つからんように通り抜けること」

子「そんなんイヤヤー！」

保「第三の関門、桑の木の生えている所へ行くためには、どうしても無人踏切を通らんならんけど、そこを素早く通り抜けること」

子どもたちの気持ちは不安に揺れ動きつつも、かいこのため三つの関門を突破する決意をしたのです。地図を持って桑の葉探しにいざ出発！

スリル満点の珍道中。やまんば山が近づいてくるとなぜかザワザワと山の樹木がざわめき、黒雲がたちこめます。ペチャクチャおしゃべりしていた子どもたちも急に無口になり足早に立ち去ろうとした時、今まで気がつかなかった場所にポッカリやまんばの家に通じる道が……。ドキドキ高鳴る胸の鼓動。怖いもの見たさで奥のほうをうかがっていた子どもたちの中の一人が突然叫びました。

「やまんばだー！　逃げろー！」

ドドッーとその場を駆け抜ける子どもたちの足の早いこと早いこと。やっとの思いで第一関門を突破した子どもたちを待ち受けていたのは第二関門です。

行く手に関係者以外立ち入り禁止の小学校の門が見えてきました。校内に足を踏み入れた時のあの緊張感。
保「今から、忍者になって忍びの術でいこか」
子「ぬきあし、さしあし、しのびあし」
保「あっ！　向こうから人がー！」
保「みんな！　忍者になるのだ！　木の葉隠れの術」
タッタッタと石垣に走り寄り、へばりつく子どもたち。
体は丸見えなのですが気分は忍者なのです。
ハラハラ、ドキドキの連続、〃かいこちゃんのためにがんばるぞ〃を合言葉に励ましながら第三の難関を突破してきました。こうしてやっと「御山荘橋」にたどりつくことができたのですが、目当ての桑の木は足場の悪い川べりに生えています。
子どもたちがおもいっきり手を伸ばしても届きそうにありません。
K「ぼく力が強いので先生の手引っ張ったるわ」
保「じゃあ一列になって引っ張ってくれる？」
K「ロープみたいや」
保「みんな人間ロープになろう」
保育者の服の裾をK君が引っ張り、K君の服の裾をS君が引っ張るというように、まるで

〝おおきなかぶ〟の劇をする時のように一列に並びました。

そして体を突き出し、目の前に広がる大きな枝をたぐり寄せながらもぎとった桑の葉を、ビニール袋いっぱいに詰め込んだ子どもたちは胸を張って言いました。

「もうこれでいつかいこちゃんが生まれてきても大丈夫や！」

自分のかいこに名前をつける

ところが困ったことに、待てどくらせど卵はかえらなかったのです。あとで分かったことですが、冷凍庫保存では温度が低すぎたのでしょう。冷蔵庫で保存すべきだったのです。やむを得ず他の園からかいこをもらうことにしました。かいこの誕生を楽しみにしていた子どもたちは、かなり大きくなっているかいこを見てどう思うかしらと心配していたのですが、保育者の説明を聞いて案外すんなりと受け入れることができたようです。

保「さあ、今からお子様とご対面でーす」――緊張の一瞬です。

かいこをそっと一匹ずつ子どもたちの掌に乗せました。

チョコンと乗っかったかいこを、まるで壊れ物を扱うように両手でそっと包み込んでながめています。

子「ウワァ、大きいかいこちゃんやなあ」

子「かあーわいい！」「くすぐったい！」

保「かいこのお父さん、お母さん、お子様に名前をつけてあげてくださいな」

子「わたし、かりんちゃんにする」

「わたし、みよちゃんに決めた」

保「それでは今から自己紹介をしてもらいます。お父様、お母様、お子様のお名前をどうぞ」

椅子に座って丸くなり、掌に乗せたかいこをみんなに見せながら順番に挨拶をしていきました。

「ぽよんです。どうぞよろしくお願いします」「しろです。どうぞよろしくお願いします」

とこんな調子で九匹のお子様の名前が決まりました。

スローテンポですが、物事をじっくり考えるH君などは三日間かかってようやく〝じろう〟と命名したのでした。かりん、ぽよん、しろ、じろう、なみ、りゅう、たろう、かよ、みよ。

名前をつけた途端に目の前の小さな生き物がかわいく思えてくるから不思議です。子どもたちは何度も自分のつけたかいこの名前をいとおしそうに呼びながら飽きることなくながめています。名前をつけることでかいこもみんなの仲間、家族の一員だという意識を持たせたいという試みは成功でした。

次に菓子箱にしきりをつけ、かいこのマンションをつくることにしました。みんな同じ顔なのでよく分かるように表札つきです。

同じ飼育をするのでもどうすれば楽しみながら世話をすることが出来るのか、子どもとかいこを結びつける手だてが必要です。保育者の発想と子どものおもしろさを感じている部分とが一致すればしめたもの、あそびはどんどん展開していきます。

子育て奮戦記

お母さんの育児書ならぬかいこの図鑑と首っ引き。動かなくなった、どうしたんだろう。はっぱを食べなくなった、病気かなと心配したり、でっかいウンチに目を丸くしたりと、なかなかのお父さん、お母さんぶりを発揮。しかし最初の頃は葉っぱの食べさせ方から失敗しました。

桑の葉を敷いた上にかいこを乗せたのでは葉っぱを食べることができません。かいこの上に葉を乗せること、しかも葉には裏表があり、ザラザラした裏を下にして乗せてあげなければば食べにくいことなど、飼育するには正しい手順と知識が必要です。いいかげんな気持ちでは育てることはできないのです。

こんな時、ヤンチャ坊主で通っているK君が実にこまめにかいこのめんどうを見、友だちにも率先して世話の仕方を教えている姿が見られました。

冷蔵庫から取り出したばかりの桑の葉をかいこに与えようとした友だちに「そんな冷たい葉っぱをやったらおなかこわすやろ。水を拭いてやらなあかんのやに」

ティッシュで一枚一枚丁寧に水分を拭きとり、掌でそっとあっためてからやるように話しています。

子「K君、かいこにはやさしいなあ。友だちにもそんなにやさしくなれるともっといいんやけどなあ」

カッとなると自制心などどこかに吹っ飛んでしまい、友だちを投げ飛ばしてしまうK君。力もちなので友だちにケガをさせてしまうこともしばしばだったのですが、このかいこの飼育を通してK君のやさしさが子どもたちの中に浸透していきました。

子「これみてみ、逆さまにしても落ちへんよ」

かいこの足の吸引力は強烈で、一度くっついたら振り払おうとしても指にスパッと吸い付いて離れません。この感触は指にからませた者でないと分からないでしょう。

小さな生き物が生きていくために備わっている素晴らしい自然の力をあらゆる場面で感じとることができるのです。新幹線のような形をしたかいこのお肌はすべすべ。触るとずっしりとした重量感と共にヒンヤリとした感触が掌に伝わってきます。

この頃になると子どもたちは、かいこの扱いも自由自在。飼育方法を完全にマスターしています。

四回の脱皮を終え、体が黄色味を帯び透けてくると、いよいよまゆをつくり出します。

かいこがまゆになる

子「私のかいこちゃん動かんようになった」
子「葉っぱちょっとも食べやんようになってきた」
保「動かんようになったらまゆをつくり出すんやで。もう葉っぱはあげんでもええんやに」

やがて透き通った糸を吐きながら自分の体をクルクル回転させ、薄いベールを何枚も重ね合わせたようにつくっていくまゆ。

この調子では、ちょうどまゆをつくり出すのが週末にかかりそうです。

お母さんたちにかいこを見せるとなつかしがる人はごく少数、ほとんどの人が気持ち悪がったり、無関心だったりするので、保育者としてはまゆをつくるという神秘的なこの工程を親子で観察してもらうのに、家での飼育はちょうどいい機会だと思いました。そして生き物を通して子どもを見つめる目を持ってほしいと願いました。「うちのお母さん忙しいで、かいこかえへんってゆうかもわからん」と心配するN子も含め、おうちで相談してもらうことにしたのですが、特にN子の母親には、今までの経過を話し、N子の気持ちを伝えることにしました。その結果、もうすでにまゆをつくってしまっている子を除いてほとんどの家庭で飼育OKの許可が出ました。

そして月曜日。その日はあいにくの雨模様。大切そうにまゆになったかいこを抱えて子どもたちはやってきました。自分は雨に濡れてもまゆは濡らさないように懐の中に入れて持ってくるなど、子どもたちの心遣いがよく分かります。

S「私、雨に濡れやんように紙の袋に入れてきたわ」

N子「まゆが濡れやんように保育園の横にお父さん車止めてくれたでよかったわ」

M「私はな、雨に濡れるとあかんでこうやって持ってきたんやに」（体を丸めてその下に抱えこむ恰好をして見せる）

そっと子どもたちが持ってきたかいこマンションを覗いてみると、クルンと桑の葉を巻きこんでつくったまゆ、敷いてある広告紙をうまく利用し、その中にスッポリ入ってしまって

かなわんなあ！

いるまゆなど様々です。
K「ねえねえぼくの見て、豆みたいな形しとる」
保「うわあ、ほんとやピーナッツみたいや」
同じまゆでもかいこの大きさや元気のよさなどによって形に大小が出来ています。それにしてもK君のかいこちゃん、ごりっぱ。まゆを二個くっつけたような見事な大きさです。
N子「私のが一番チビちゃんかな。まだまゆになってへんもん」
ちょうど透けたまゆの中に動くかいこの姿がまだ見えています。
N子「桑の葉が足りんとあかんでお母さんといっしょに採りに行ったわ」
日曜日の出来事をうれしそうに報告してくれるN子の表情には、お母さんといっしょにかいこを飼育した喜びが溢れているようでした。
保「かいこはまゆをつくってから十日くらいで蛾になるんやて、よう分かるようにカレンダーに印をしておこに」
子「かいこはみんなまゆから出てくるやろか」
まゆを触ってみると結構かたいので、この中から無事出てこられるのか子どもたちは心配な様子です。やはり、体の小さなかいこはまゆの中でそのまま死んでしまうこともあるのです。

保「よう出てくるのも出てこんのもおるよ。みんな出てこれるとええのにな」

保「かいこちゃんたちがつくってくれたまゆで、卒園式の時にはいいお花がつくれるといいのになあ」

全員がかいこが成虫になれるよう、みんな祈るような気持ちです。

待ちに待った成虫の誕生

みんなのかいこは茶色の液を出しながら堅いまゆを突き破って外に出てきました。孵化したてはちょうやせみの羽のように縮れていますが、次第にシャンと伸びてきます。おなかの太いのがメス、オスはメスと比べると胴体が細いので見分けがつきます。ところで困ったことに女の子は自分のかいこに女の名前、男の子は男の名前をつけていたのですが、まゆから出てきた成虫は名前と性別が一致せず、みんなの頭は大混乱。

子「先生、H君のかいこ、じろうじゃなくなったんやに」

保「なんで？」

子「だってH君のかいこ大きいもん。大きいのはメスやもん」

保「N子ちゃんのかりんは男の子かもわからんなあ」
N子「エエッー」女の子と思って育ててきたのにショック。でもすぐ思い直して「男の子の名前また考えたるわ」

かいこの名前をつけたまではよかったのですが、『ウウム読みが浅かったか、成虫になった時のことまで考えてなかったなあ』。

その時は『シマッタ』と思うのですが、その場その場でつじつま合わせをしているうちに、子どもたち自身で解決していってくれることって案外多いものです。

しかしそんなことにはおかまいなし、子どもたちの〝お子様〟は次々結婚をはじめました。オスは羽をブルブルふるわせ、メスは匂い袋からにおいを漂よわせ、お互いを探し求めながら交尾します。なかなか結婚しなかったT君のりゅうがH君のじろうと結ばれたのを見てT君いわく、「ぼくのかいこはH君のかいこのことが好きやったんやなあ。なかなか結婚せえへんでぼくのことだけ好きやと思とったのに……」。

しみじみとつぶやくT君は、りゅうの父親として結婚させた安堵感と一抹の寂しさが……。なあんて思ってしまったりして。保育者の思い過ごしかな?

一方、友だちのまゆは次々成虫になっていくのにピーナツ型したK君のまゆには一向に変化が見られません。

Ｋ「なにしとるんやろぼくのぽよん、よう出てこんのやろか」

心配な日々を過ごしていたある日のことです。待ち望んでいたK君のぽよんにもやっと成虫になる時がきたのです。

ところがぽよんのなった蛾を見て驚いてしまいました。

なんという美しさでしょう。おとぎの国のお姫様ならぬ、かいこの国のお姫様、ぽよん姫の誕生です。その姫を掌にのせたK君、自慢気に「先生、見て、見て、ぼくのぽよんきれい？　おむこさん探したろ」。

この姫の誕生によりまたまた事件が！

ぽよんは匂いを出しオスを誘いはじめました。それに引き寄せられるかのようにMちゃんのしろは、結ばれていたかりんを置き去りにしてぽよんを選んだのです。

こんなことってあるの？　一度くっついたら離れないのが普通なのに……。やっぱり美人には弱いのかとぼやく保育者のそばで、この成り行きを心配そうに見守っていた子どもたちは言いました。

子「かりんはどうなるのかなあ。離婚するのかなあ」

保「えっ！　えっ！　離婚？」

子「ああそうや、事務所にも一人ぽっちのかわいそうなオスがおったで、つれてきたったらええ」

かりんのそばに一人ぼっちのかわいそうなオスを置いてやると、二匹は吸い寄せられるようにめでたく結婚。これで一件落着。みんなはホッと胸をなでおろしました。

ある時、ぽよんと他のかいこを見比べながら「本当に見れば見るほどぽよんはきれいやなあ。それに比べてこのかいこちょっと小さいなあ。羽も縮れとる」。

この保育者のやりとりを聞いていたK君、「先生！　かいこちゃんにきれいもきたないもないんやに」ととがめられ、『はい、ごもっとも』。同じこの世に生を受けた大切な命、外見で判断してはいけないとK君は言っているのです。ここまでくればK君のかいこに対する思いは本物。私たちは大いに反省させられたのでした。

子孫を残すためにこの世に生まれてきた蛾たちは、数日の間におびただしい卵を産み続けます。「ウアァ、こんなとこにも産んどる」箱の外へもはい出し、机のそばに置いてある紙など、所かまわずクリーム色の卵がへばりついているのには少々閉口です。

かいこの死

やがてまったく食べ物、飲物を口にしない蛾たちは、一週間もたつと産卵し終え、死を迎えます。早く生まれてきた順に一匹また一匹というように……。

小動物のお墓があるゴールドクレストの樹の下にかいこの亡きがらを埋めてやりながら、「かいこちゃんたちが天国に行けますように」とみんなで手を合わせました。

しかし一方、同じ箱の中で産卵し続ける蛾、交尾している蛾などの様子を見て、K君いわく、「おまえたち、こんな時によう結婚なんかしとるなあ」。

おかげで〝お子様〟たちの死に対して、子どもたちの中にはあまり悲壮感は見受けられませんでした。

新しい命の誕生、そして死を迎え子孫を残すという生命の営みを、短いかいこの一生を通じて教えられたような気がします。

まゆのコサージュ

年が明けた二月のことです。毎年、卒園式を間近に控えコサージュづくりが始まります。まゆを半分に切り、花びらの形に切れ込みを入れながら職員が一枚一枚、まゆの層を剝がしていきます。透き通るくらいに薄く剝がれた花びらが集まると、それはまるで小さなゆりの花のようです。

染色するのは子どもたち。赤、サーモンピンク、紫、黄色の四色の染料を湯に溶かし、その中に真っ白なまゆを入れると、みるみる間にパアッと色が浸透し、次第に好みの色に染め上がっていきます。この色の変化を見るのは楽しいものです。

染色の方法

1　ぬるま湯にまゆをつけ、中のほうまで浸透させる。

2　熱湯で染料を溶かし、湯が熱いうちにお湯をつけたまゆを入れる。

3　染め上がったら水で何回もすすぐ。

黄色はくちなしの実をつぶして色を出しました。濃いオレンジ色から湯を加えるにしたがい移り変わる黄。

保「わあきれい、これ何色に見える?」

子「朝飲む紅茶の色」「はちみつの色」「金色」「黄色」「オレンジ色」「ゆうやけ色」「おれは人参ジュースみたいと思う」

『うーん、子どもたちは詩人だ』。どの子も自分流の感じ方で表現しています。

時間がたつにつれ、まゆの一枚の層の厚さによっても微妙に色に濃淡がつき、どれ一つとってみても染め上がりに同じ色はありません。

子、保「わあっ、きれいやなあ。欲しいなあ」

子「私どれにしようかな」
子「この色、お母さんの好きな色や。欲しいってゆうかな」
一生懸命育てたかいこが子どもたちにすてきなプレゼントを贈ってくれたのです。まゆでつくった愛らしいゆりの小花を寄せ集めコサージュに。なかなかの出来栄えです。こうして迎えた卒園式の日、喜び溢れる子どもたちの胸には、思い出がいっぱい詰まったまゆのコサージュが揺れていました。

飼育、栽培といえば、やさしさ、責任感、生命の大切さ、収穫の喜び、当番活動を通しての仲間関係を育てるなど、いろいろ頭に浮かんでくるのですが、問題なのはその指導方法。子どもたちにとって持続して世話をするということは、かなり大変なことだと思うのです。途中で仕事を投げ出したり、興味をなくしたりということもしばしばです。

そんな時、保育者は子どもが自主的に楽しく世話するにはどんな工夫が必要なのか、指導のあれこれに頭を痛めます。ましてやかいこのような動きの少ない小動物は子どもたちにすぐ飽きられてしまうことが多いのです。

ところが、今までとはひと味ちがった今回の飼育方法は、子どもたちの心をとらえることに成功しました。

いつくしむように世話をする子どもたちのやさしさが、どんどん伝わってきます。小さな発見が大きな喜びとなり、クラスの中に波紋のように広がっていきました。

方法論や技術論でなく、子どもたちとかいことの関わり方を豊かにふくらませていくという観点からのさまざまな働きかけが成功のカギだったのではないでしょうか。

今回のかいこの飼育では、「世話をきちんとしなければダメでしょ」と一言も言わずにすみました。まるで自分が母親からいつも言われているのと同じ仕草、口調でかいこに接しているのです。どんなちっぽけな虫や草花でも取り組み方法によっては、子どもの心を揺り動かし、集団を高めることができるのだということを教えられました。

どろぼうがっこう開設

私は、子どもたちと仲良しになりたいなと思う時、ごっこあそびが展開しやすそうな、子どもたちに人気のある絵本の読み聞かせをすることにしています。この日は『どろぼうがっこう』（加古里子／文・絵、偕成社）の絵本を選びました。二十人のわんぱくたち（三歳児クラス）は瞳をキラキラ輝かせて聞き入っています。

特に絵本の中の〝○○でござんす〟〝ごめんなすって〟のようなナンセンスな言葉を好むようです。絵本を読み終え「これで本日の授業はおしまいじゃ、それでは皆さん、ごめんなせぇい」と言いながら部屋を出ようとすると、「どろぼうがっこうの校長せんせーい、またきてよー」

自分で言うのもなんだけど一躍、うめ組の人気者になってしまったのでござんす。このような読み聞かせを度々重ねながら、月日は流れ、季節は十二月を迎えていました。

てんやわんやのうめ組を担任するN先生は、力、モリモリ、パワーあふれる『せんたくかあちゃん』（さとうわきこ／作・絵、福音館書店）のような先生。忙しいときには「ほれ、校長先生に遊んでもらいな」。すると、「どろぼうがっこうしようよー」かわいい生徒たちが駆け寄ってきます。

私「そうかよしよし、わしのかわいい生徒たち、どろぼうがっこうのおうちをつくろう。ついてこい」

子「へーい」

ホールに大型積み木やダンボールを丸く並べて学校にします。

校長「それではいまからりっぱなどろぼうになるために修行する、いいか？」

子分「へーい」

校長「そうだなあ、まず赤ちゃん組のO先生の歳を聞いてこい」（こんな遊びが大好きそうな四十半ばのふとっちょ先生を指名）

子分「トシってなあに？」

校長「いくつになったか聞いてくるんだ。大丈夫か？　おまえたち」

五人のかわいい子分たちはドドド……テラスを走り、
子分「Oせんせーい、いくつ？」
窓からヒョイと顔を出したO先生、すました顔で答えます。
O先生「五つ」
子分「そうか、五つか」（得意気にかけもどりつつ叫びます）
子分「校長せんせーい、O先生の歳は五つやて」
校長「バッカだなあ、おまえたち。五つといったらひまわり組の子どもとおんなじだぞ。O先生はひまわり組の子といっしょかあ？　おまえたちだまされたな」
子分「そっかあ、だまされた」
こんな調子で天気の悪い日は、ホールのピアノの横に陣取り、暖かい日は築山の土管の中がどろぼうがっこうの定位置とあいなりました。

だますのも遊びのうち

そんな遊び仲間の中に、友だち関係につまづきがあると、『どうして自分の気持ちが受け入れられないのか』と、問題を抱え込んでしまいやすいタイプのB君も必ず入っていました。

一方、家でも子どもとの対話を大事にしているB君のお母さんは、子どもの悩みに母親としてどうアドバイスしたらよいのか戸惑いを感じているようにも思いました。

ある日、警察官役になったB君が土管の中で突然大声を張り上げ泣き出しました。どうもどろぼう役のM君とトラブったらしいのです。

校長「どうしたんだ?」

B君「M君がこの縄貸したろってゆうたのに、貸したらんってゆうてだました。ワアーン」

M君「ぼく、縄を貸したるってゆうて(B君を)だましてこの中(土管)へ縄を持ってきて、岩附先生(どろぼうの親分)をよろこばしたろと思たんやもん」

半ベソかきながら説明するM君の理由を聞いてことの真相がのみこめました。M君はどろぼうがっこうの遊びのつもりでB君を油断させ、どろぼうの陣地である土管の中に縄を持ってこようとしたのです。しかし、B君は真面目に受け取ってしまったという双方の気持ちのすれ違いがあったようです。

校長「よしわかった。おまえはどろぼうだからな、よくだましたな、でかしたぞ」

M君がしかられると確信していたB君は、意外な私の言葉にますます大声を張り上げて泣き叫び、「人をだましたらあかんてお母さんがゆうとった! ワアーン」。

そりゃあ、人をだましたらあかんけど、いまはどろぼうがっこうをしているんだもん、だますのが遊びなの、わかってよー。

これじゃあどっちが先生かわかりゃあしない。でも遊びのおもしろさをB君にもわからせてあげたいなあと、つくづく思ったものです。ところが、最初は真面目で人をだますあそびにはなじめなかったB君も、どろぼうがっこうのあそびを重ねるうち、次第にあそびの持つおもしろさが分かってきたのでしょう、どうやらりっぱなどろぼうに仕上がってきてしまったようなんです。

ナンセンスな遊びのおもしろさ

B君「オーイ、校長先生！　どろぼうがっこう、しようよー」

毎日せがみにきます。夜の職員会議があった翌朝も、

「校長先生おはよう！　どろぼうがっこうしようよー」

少し疲れ気味の私の顔をまじまじながめ発したB君の言葉は「校長先生なんだか疲れているみたい……」。ドキッ、子どもってするどいなあ、反省、反省。

子どもたちに元気を分けてもらって、さあ今日もがんばるぞ。

でもねえ、私の立場としちゃあ、毎日どろぼうがっこうばかりしているわけにゃあいかな

どろぼうがっこうの生徒と警察　　どろぼうがっこうの子分と警察

いんだけどなあ。そこが主任のつらいとこ……。まあいいっか、かわいい子分たちが誘いに来るんだからチョットだけね。

いつものようにホールはどろぼうがっこうの隠れ家づくりでがらくただらけです。各部屋を物色、気に入ったのがあればちょいと失敬しながらダンボール、ソファー、カーテン、テーブルなど持ち寄り、自分たちの姿が外部からスッポリ見えないようにつくります。

劇のときに使ったはりぼての木を、『おいのこもり』の金と銀の目をしたふくろうが住んでいる木に仕立てました。どろぼうがっこうの目印です。しかし誰もがどろぼうになるとは限らないのです。

MとBは「ぼくはどろぼうとちゃう。警察官」

三歳児の美学とでもいうべきなのでしょうか、警察役に徹しています。それじゃあ、どろぼうVS警察のおにごっこにすればおもしろいんじゃあないの。ルールを次のように決めました。

・どろぼうは各クラスへ宝物を取りに行く。
・宝物を手に入れた時点で、警察はどろぼうを追いかける。
・つかまったら警察の陣地に入れられる。

どろぼうがっこうのおうちの中でぼうずめくり

築山の上で

・どろぼうの仲間にタッチしてもらったら家に帰れる。
校長「ゆり組（二歳児クラス）へ行って、何か宝物を探してこい！」
がってんでござんすとばかりにK君、ダダダッと走り去ったかと思えば、ガラッとゆり組の扉を開けて侵入。
K君「どろぼうだ」
ゆり組のH先生「なに！　どろぼうやて、そんなら部屋には入れないぞ」
校長「バッカだなあ、どろぼうはもっとこっそりするもんだ。いいか、おれさまのすることをよっく、見るのだぞ」
ドアの隙間からそっと室内をうかがう仕草をしてみせる。
（なんでも、こっそりはドキドキ、スリルがあるものです）
校長「見つかりそうになれば、サッと忍者のように隠れるんだ。いいかおまえたち、いっぺんやってみろ」
子分「よし、わかった」
校長「右見て、左見て……あっ、向こうから人が来たぞ、かくれろ」
ちょうど十時のおやつが済み、食器を給食室へ返しに行くのは、劇をしたとき、シンデレラ役をした子どもたちのあこがれのU先生です。子分たちの前を通り過ぎようとしましたが、壁にへばりついている子分を見て、
U先生「うん？　どうしたの？」

子分たち「ううん、ううん、なんでもない、なんでもない」

校長「それ、いまのうちだ！　ぬきあしさしあししのびあし。大変だ、事務所に園長先生がいるぞ。見つからないように頭を下にしてかくれるんだ」（ダダダッと走り過ぎる）

どろぼうがっこうの校長とその子分たち、テラスやホールを逃げ隠れしている姿を想像してみてください。

「大人のくせによくそんなことしとれるなぁ」。年長児のM君につめたあーく言われたこともありましたが、なんのなんの、やってみるとこれが意外とおもしろいものなんです。

誰にも悟られずに行動するスリル感がたまんないんですよねぇ。

このときはどろぼうも警察も行動をともにしながら楽しむのですが、どろぼうが室内に侵入、宝物を手に入れたとたん、まってましたとばかりにごっこが急きょおにごっこに早変わり。

「まてぇー」

「警察につかまってしもたぁー、たすけてくれぇー」

なにしてんの？

「タッチ」

こんな遊びが飽きもせず毎日のように続いていました。

どろぼうの七つ道具

絵本片手に鍵、手錠、望遠鏡、めがね、煙管（きせる）、出刃包丁、携帯電話など、どろぼうと警察に必要な道具づくりがはじまりました。

M「これ二つくっつけたらてじょうができるよ」（セロテープの芯）

校長「それええ考えや」

M「ほら、てじょうができた」

T君「てんじょう?」（完全なる意味の取り違い）

校長「違う、てじょう。んがないの、てんじょうは上。バッカだなあおまえは」

T君「アハハハ……」（まだ幼さが残っているT君、本当に大丈夫かあ）

K君「イタッ！　毛が抜けてしもた」

校長「バッカだなあ、おまえは。めがねつくるのに毛抜いてどうするつもりだ」（貼り方がまずくてセロテープに自分の毛がくっついてしまったのです）

校長「おいのこもりのふくろうは金と銀の目をしとるんやで、金と銀のめがねつくろっと」
K・B君「ぼくもつくりたい」
校長「時計もいるな。だってさ、夜中の十二時になったらどろぼうに出かけるんだもんな」
おかげでホールは紙くずの山。どろぼうがっこうの名の下にどんな遊びでも展開できてしまうんです。ときには紙とマジックを持ち込み、迷路や宝のありかをしめす地図づくりに没頭したりもしました。
どろぼうがっこう皆出席のT君、いままであんまり友だちと遊ばなかったのですが、私にピッタリくっつきながらも、〝みんなで遊ぶって楽しい〟ってことが少しずつわかってきたようです。

母親の思いを受けとめることの大切さ

B君がしきりと家でもどろぼうがっこうの話をするらしく、
B君の母「ほら、校長先生にごあいさつして」
B君「校長先生さようなら」
『うん？　この頃なんだかお母さん、変わってきたなあ』。笑顔がよく見られ、表情にもゆとりのようなものが感じられるようになってきました。

保育園の行事や懇談会などを通じ、保育者や同じクラスのお母さんたちとのつながりなど、いろんな人と関わることによってB君のお母さんは少しずつ心の扉を開くことができるようになってきたのでしょう。私もどろぼうがっこうの遊びを通じてお母さんと気持ちが通じ合えるようになっていました。

先日も職員会議で話し合ったことなのですが、お母さんたちを見るとき、保育者の価値観でお母さんを見てしまっているんじゃないかって。しつけ面にしても子どもとの接し方にしてもお母さんなりの気持ちがそこにあるんじゃないか。もっとお母さんの気持ちをまるごとつかんだうえで出発しなければ気持ちの中にズレが生じてしまう、もっとあったかく見守ろうということでした。

B君のことが心配でたまらないお母さんの気持ちを受け入れながら、保育者から見た園でのB君の姿を伝える、また家でのようすを聞かせてもらうなど、子どもの姿を浮き彫りにさせながらより子どもの理解を深めていこう。そのことがお母さんの不安を和らげることになるのではないかと思うのです。

私いつも思うんです。保育園って利害関係抜きで対等につきあえる唯一の場だなあって。不安定な社会情勢の中で、みんなキイキイ言いながら骨身を削って働いている。

子どもだって親の顔色見ながら小さな胸を痛めていることっていっぱいあるんです。でもそんな愚痴や悩みを吐き出しながら、お互い慰めあったり、共感しあったり、支え合っていけるのが保育園の良さだと思うのです。子どもだけじゃない、父母も保育者も安心して自分がさらけ出せ、お互いが認め合える関係が大切なんです。

人はみな、人のあたたかさに触れてこそ、前を向いて歩いて行くことができるのではないでしょうか。

サンタクロースがやってくる

枯れ葉がカサカサと音をたてて舞う。吹く風の冷たさに行き交う人々は思わずオーバーの襟を立て「うぅー寒い」と首をすくめて歩く十二月の街。でも、ほら、耳を澄ませばどこからか聞こえてくるでしょう、クリスマスソングが……。

そうです、世界の子どもたちが待ち望んでいるサンタさんがやってくる月です。何しろ日頃から自分がほしいと思っているおもちゃがプレゼントされるのですもの、ルンルン気分になるのもようくわかるというものです。ところで、サンタさんに夢中になるのはなにも子どもばかりではありません。大人たちだって子どもに夢を与えようと、あれこれサンタさんの存在を信じ込ませる方策を練ることにのめり込んでしまうのです。結構大人のほうが楽しん

でいたりして……。

どうやらこの仕掛けるという方法、節分の鬼ややまんば、ねずみばあさんたちの出現には異論を唱える人たちも、このサンタに関しては誰もが歓迎するように思います。私としてはどれもみな同じ発想だと思うのですが。

全国どこの保育園でも展開されるサンタ物語、きっと百人百様のサンタ出現の方法があるのでしょう。「サンタは本当にいるの？」「髭の下から黒い毛が見えとった」「サンタの髭は、なんか糸でできとるみたいやった」「ちがうに、本当の髭も一本一本見たら糸みたいに見えるやんか、そやであれはホントのサンタやった」と賛否両論、目を輝かせておしゃべりする子どもたちの顔が浮かんでくるようです。「なぜ？」「どうして？」「サンタの正体は？」

知りたがりやの子どもたちの気持ちに寄り添ってイメージの世界を豊かに広げていきたい、そう願いつつ毎年繰り広げられる私の園のサンタ物語を紹介したいと思います。

オーイ、雲の上のサンタさあーん

どんよりとした雲がたれこめ、木枯らしに混じってときおり鈴鹿山脈のほうから白いものが吹いてきます。二階のゆり組（一歳児クラス）の部屋の窓から見える街路樹の欅は、今はすっかり葉を落とし、北風が唸り声をあげるたび、幹を剝き出しにした身体をしならせ、遠い春を辛抱強く待っているかのようです。

私が二階の乳児室に顔を出すと、さきほどから子どもたちは窓の外を熱心にながめていました。「何を見とんの?」子どもの視線をたどってみても外は冬景色一色です。一人の子が「サンタさん、大きい(雲に乗ってやってくる)」と空を指さし、私に何かを教えようとしてくれています。きっと私が来る前に担任と一緒に雲を見ながらサンタさんのお話に花が咲いていたのでしょう。

「どれどれ、何が見えるのかな?」その子の指さすほうをながめてみると、いろんな形をした雪雲が北風にのって西の山から東の海へと徒党を組んで流れていきます。

「ああそうか、あの雲にサンタさんが乗っとるゆうとんのやなあ」

保「オーイ、サンタさあーん」

いつの間にか窓は鈴なりの子どもたちで一杯。雲に向かってみんなで叫んでみました。

子「サンタさあーん」

そばにいた別の保育者が機転をきかせて、子どもたちにわからないようにシャンシャンシャン鈴の音を響かせました。

保「あっ、鈴の音がしたなあ。トナカイとサンタさんが来てくれたのかな?」

自由自在にどんどん形を変化させながら頭上を流れていく雲に、トナカイとサンタさんの姿を探し出そうとあちこちキョロキョロながめています。

私が席をはずしている間にお迎えがあったりして、子どもたちの姿はいつの間にか散ってしまっていたのですが、ただ一人、〝サンタさん〟と指さしつつ北風に流されていく雪雲から目を離そうとしなかったA子の後ろ姿が印象に残っています。

日常の保育のなかでサンタさんの指人形やCDのクリスマスソングなどで雰囲気が高まっていたせいもあるのでしょう、小さいながらもクリスマスへの期待の大きさが伝わってきます。

仕掛けを楽しむ

さてこちらは幼児クラスです。

まずは、サンタを本物と思わせるための仕掛け第一弾。

サンタの住所は絵本『サンタクロースと小人たち』（クンナス・M／文・絵、稲垣美晴／訳、偕成社）より調べはすでについているのです。サンタが住んでいるという国、フィンランドのコルバトントリ山へ手紙を出すことにしました。

一人ひとり手紙に絵をそえてサンタさんへの思いを込めた熱い熱いメッセージを封筒に詰め込みました。

そして、たいていはこの手紙をどうして届けるかで悩むべきところなのですが、よくしたもので保育園のサンタさんはご近所のよしみで毎年郵便局長さんと決まっているときているから話は早いのです。今年も歩いて二～三分の所にある郵便局へみんなで手紙を持って押しかけました。

子「こんにちは」

郵便局「はい、こんにちは」

子「フィンランドのコルバトントリ山のサンタさんに手紙を渡してください」

郵便局「はい、わかりました。よく探して届けておきます」

子「お願いします」

例年のことなのでちゅうちょすることなくスラスラーの応対に、子どもたちは郵便局のおじさんが太鼓判を押してくれたのだから「ゼッタイ、大丈夫」と誰一人疑う者なしです。ちょっと考えれば絵本のなかのコルバトントリ山に、いくら郵便局とはいえ配達できるはずがないと思うのが常識なのですが、生意気言っていてもそこは子ども、かわいいものです。しめしめこれで話はおもしろくなってきたぞ。

さてとお次は、仕掛けその一。

やっぱりサンタが書く返事の手紙は本物らしく英語で書くのがいいなあ。アイディアはよかったのですが私は英語が大の苦手。そこで思いついたのがイギリス人のH君のお母さんのことです。『手紙を書いてもらおっと。なんでもいいことは大いに利用すべし』。

相談をもちかけたところ「ウーン、イイコトネ、コドモニユメモタセルコト、タイセツダトオモウヨ」と快諾。H君のママ、子どもたちのためにと一肌脱いでくれました。

そして二〜三日後、「デキタヨ、コンナノデイイ?」

なんと、それぞれ内容の違った手書きの手紙やコピーの手紙四通、おまけに絵本からサンタのおうちの絵を拡大コピーして、ていねいに色が塗られています。

「ドノテガミガイイ?」

感謝感激、どれもみーんなステキです。これでH君のママも我々仕掛け人の仲間入り。職員一同、大いにファイトを燃やしたのでありました。

準備万端、仕上げをごろうじろ。

サンタからのエアメール

さてと、仕掛けその三といきますか……。

私はキョロキョロ様子をうかがいながら誰もいないことを確かめると、ポストに例の手紙をポトンとすべり落とし、何食わぬ顔で立ち去ったのでしたが……子どもが見つけたときのその瞬間見たさにポストのまわりをウロウロソワソワ。陰からそっとのぞいてみると、『あっ、向こうから子どもが来た！』しかし素通り。

『ちがう、そこそこ、そこなんだけどなあ』。やきもきしていると次にやって来たのはK君とMちゃん。そろそろサンタさんからの手紙が届くころという勘が働いたのか二人はついにポストのふたを開け、ずっしり重いエアメールを手にしました。

K・M「わぁーっ！　サンタさんからの手紙や」「みんなあー、サンタさんから手紙がきたよー」

手紙をしっかり握りしめ、興奮気味に各クラスに知らせに駆けだしました。

『やったあー！』この瞬間がこたえられないですよねえ。

ところがそのうちK君は私たちの予期せぬ行動に出たのです。

登園時の忙しいさなかやってくるお父さん、お母さんを次々捕まえて英訳をせがむという手段に出ました。

K君「あのさあ、これなんて書いてあるの?」

父・母「えっ? サンタさんから手紙がきたの? えーと」

K君につかまったお父さんとお母さん、朝の忙しい時間なのにいやとも言えず手紙を読まされ、短時間で内容を要約してK君を納得させてくれたらしいのです。『お父さん、お母さんエライ! すぐに英語がわかるなんて尊敬しちゃう』。

そして毎年、三、四、五歳児クラスの子どもたちを一部屋に集め、サンタさんからの手紙をじっくり見ることにしています。サンタの取り組みを園全体のものにしていくためにこの話し合いは欠かすことができません。

期待を持たせるためのじらせ作戦

保「ほら見て! サンタさんからの手紙、こんなきれいな切手が貼ってある。なんて書いてあるか楽しみやなあ」

子「早く読んで読んで!」

保「ちょっと待って、その前になんでサンタさんから手紙がきたのか、さくら組さんみんなに教えてあげてよ」

子「フィンランドのコルバトントリ山へ手紙を出したの」

保「どんなこと手紙に書いたの？」

H君「はい、何を書いたかっていうと、サンタさん十九日に来てください」

J君「はい、プレゼント持って来てください」

おおぜいの前で、やや緊張気味に年長児にふさわしくはきはきと答えています。

保「そう、二人ともよう覚えとったなあ。K君はどんなこと書いたん？」

K君「うーん」

保「あれっ、自分で書いたのにもう忘れてしもたん？」

K子「もう！　いい子になりますからプレゼントくださいって書いとったんと違うの」

そばにいたしっかり者のK子ちゃんに指摘を受け、どうやら思い出したようです。とってもやさしい心の持ち主なのですが、自分の思いどおりにならないと強烈なパンチを浴びせるので、友だちから非難されること

の多いK君。自分の欠点をようく自覚していてサンタの手紙にはプレゼントほしさにざんげの文を書いたのですが、もう忘れちゃったのかな。

保「さあ、それじゃあ、お手紙読むよ」

いよいよ手紙開封の瞬間です。高鳴る気持ち、どの子も頬を紅潮させています。

保「なになに……チルドレン　オブ　カンオンジホイクエン　フロム　サンタ　って書いてあるわ」

封筒の表書きを読み終わると同時に、わあっ！　と歓声があがりました。サンタの部分だけが理解されたようです。おもむろに手紙を黙読するポーズをとると、今までの騒ぎがウソのよう。気味が悪いくらいに静まりかえり、私の持つ手紙の一点に全神経が注がれています。

この瞬間って、保育者にとってすっごい快感。やみつきになりそう。

保「メリークリスマス、えーと、そのあと難しいで読めやんわ」

じらせ作戦の手を使います。

M保「どれどれ、あれっ、Kの字あるけどK君のこととちがう？　ひょっとしてプレゼント持ってこんって書いてあるんとちがうやろか」

O保「えっ大変、そんならSの字とIとMの字書いてあらへん？」
私「あるある、KもSもMもIもある。心配になってきたなあ」
どの子もみなトラブルメーカーです。めずらしくみんなの神妙な顔つき。ちょいと薬がききすぎたかな。こういうことってついつい保育者同士盛り上がってしまうんですよねえ。ところが当のK君、こんな会話も耳に入っていない様子でしきりと頭をひねっています。
保「そうやK君、朝お父さんやお母さんに手紙読んでもろとったやない、なんて教えてもろたん？」
K君「うーん、なんかわからんけど、十九日のパーティに行きますやったかなあ。楽しみにしていてくださいってゆうとったと思うけど……」
なるほど、さきほどからしきりと首をひねっていたのは、そのことを思い出していたからなのでしょう。手紙の内容はだいたいあっています。K君の記憶力は確かなようです。
保「本当にそう書いてあったらええんやけどなあ。困ったなあ」
そこへ打ち合わせどおりイギリス人のH君のママ登場。このへんのタイミングが重要ポイントなんです。
強力な助っ人に子どもたちは心よりほっとしたのでしょう。
「パチパチパチ……」

なんと、よっぽどうれしかったのか、自然と拍手が湧き起こりました。
H君のママ「フウムフム、イイ、ミンナヨクキイテネ、ペラペラノペーラ」
なんと流暢な英語。これが本場の英語というものか、発音の美しさに聞き惚れ、全員が感動したのでした。なんでも本物はいい。
保「十九日に行きますって書いてあるって、やったあ！」
子「ワアッ」
みんなが喜びに沸き立つなか、K君は真面目な顔で質問してきました。
K君「あのさあ、いつものサンタさん（扮するのは郵便局長さん）、英語しゃべらへんのになんで英語の手紙できたんやろ？」
保「それはさあ、サンタさんも日本へ来るのに一生懸命日本語の練習してきてくれるんとちがう。フランスへ行くときはフランス語、中国へ行くときは中国語、サンタさんもたいへんや」
K君「ふうーん」
なかなかするどいところをついてきましたなあ。あぶないあぶない。
その後、各クラスでサンタさんへのプレゼント作りの運びとなりまして、三歳児クラスはサンタさんが保育園に来るのに迷子にならないように地図を贈りたいと道らしきものをぐるぐる描きました。

四歳児クラスは、サンタさんのおうちの壁に飾るリースを。

年長児はやはり壁に飾る共同画です。フィンランドのコルバトントリ山にあるという大きなサンタの家を描きました。

クリスマスツリーに靴下、たくさんのサンタとトナカイたち、外には雪だるまと子どもたちから配達されてくる郵便ポストなど、子どもたちの夢あふれる絵が描かれています。赤いリボンをつけサンタさんへのプレゼントはこれでOK。

サンタにみとれて挨拶忘れる

保「あのさあ、みんなサンタさんに会うの初めてやで挨拶せなあかんけど、英語で練習したほうがええんとちがうか?」
子「うん、そうやなあ」
英語の手紙を読んだあとなのですっかりその気になっています。これも本物のサンタさんと思わせるための大切な演出の方法なのです。
保「こんにちはって、英語でどういったらいいのかな」

おおぜいの中で一番大きな声でハーイと手をあげたのは、四歳児クラスのI君です。

保「すごい！　I君、じゃあみんなの前に立って言ってみて」

I君「ヘロー」（ハロージャなくてヘローと言うところなんぞ、なかなかたいしたものじゃありませんか）

保「上手、上手」

I君の発音に習って全員ヘローの大呼応。プレゼントもらったときにサンキュー、さよならするときグッバイのこの三つを覚えておけば英語を話した気分になるというものです。ところが本番、サンタの登場と同時にほとんどの子が口をあんぐり、感動と驚きですっかりサンタさんに見とれてしまい、日本語で「ありがとう」と言うのが精一杯でした（オイオイどうした、どうした。英語の練習は一体どこへいったんだあ？）。まあそんなものかも知れませんね。しっかりプレゼントを握りしめ、幸せいっぱいの子どもたち。この年も大人の仕掛けにコロリとはまってしまったというわけです。

翌年のサンタ物語はいかに

クリスマス会の持ち方もそれぞれの園によって工夫の仕方はまちまちです。サンタさんが屋根の上から登場したり、雪のふぶく中（雪のスプレーを売っている）窓から侵入したりと涙ぐましい努力があちこちでされています。今年はどんなサンタに仕立て上げるか、ああでもない、こうでもないと考えるのも楽しみの一つです。

私の園でも結局は、今年も昨年とほとんど同じ趣向で挑もうということになったのですが、どうも大人の思惑からそれて話はとんでもない方向へいってしまいそう。

例年どおり懲りもせずサンタを迎え入れるための英語の練習をしていたときのズッコケ場面からまずはご紹介していきたいと思います。

保「サンタさん来たら英語で話さんならんで、ちょっと練習してみよか」

保「犬は英語でなんと言うか知っとる？」

子「ドッグ」

保「猫は？」

子「キャット」

保「うさぎは？」

子「ラビット」

保「牛は？」

子「？？？」

保「モウーか?」
子「アハハハ……」(君たち冗談わかっているね)
保「鳥は?」
S君「ハーイ、コッコ!」(自信満々の回答ぶりに全員大爆笑)

子どもの失敗を笑い合える関係

英会話の翌日は社会科の勉強とあいなりまして、リアリティを持たせるため世界地図を見せながら、フィンランドの位置を確かめ合ったときのことです。
保「日本はどこにあるかわかる? ほらこんなにちっちゃいなあ」
子「フィンランドはどこにあるの」
あっちだ、こっちだとワイワイ言いながら捜しっこを楽しみました。
保「フィンランドは北の果てっていうでなあ……ここにあった!」
S君「せんせーい、ぼくブタジル知っとるわ」(いかにも得意気に)
保「……? それってもしかしてブラジルのこと」
昨日に引き続き第二弾のズッコケ連発のS君。真面目に話していることが笑い話になってしまったり、「ガハハハハ」とみんなでおなかを抱えて大笑いになってしまったりと、幼さゆえのチグハグを笑い合える職員関係、保護者と手を組んで子どもが仕掛けにはまるのをおもしろがったりする大人同士の関係ってすてきだなあと思います。子どもの喜ぶ顔が見たい一心であれこれ画策の末、ついには自分自身が楽しくなってしまって、はまってしまった大人のなんと多いことか。そこには必ず保護者との強い絆が生まれるものなのです。

サンタの舞台裏

保「おはよう、今日は早いなあ」

I君「ぼくはちょっとね、サンタさんのことを考えたらパッと目が覚めたの」（いつもは、寝ぼすけで登園は遅いのです）

保「今頃手紙は中国くらいやなあ、明日はロシア。みんなの手紙が届くのは日曜日くらいかなあ」

期待を持たせつつ、今年のサンタさんも昨年に引き続き好評だった氷ばらまき作戦でいくことにしました。

さて、クリスマス会の当日です。

サンタの登場はアレコレ考えた末、いつも階段を上がってくるからその裏をかいて、今年はその反対側のホールの倉庫に潜んでもらうことにしよう。「よし、それでいこう」全員一致できーまった。

しかしこの日、郵便局長さんの都合が悪くなり、急遽郵便局の若い衆にバトンタッチされたのです。ちょっと不安に思った私はわずかの時間を見つけて若い衆にサンタ役の特訓を……。

「サンタさんは外国の人やで、できるだけ英語で答えたってもらえます？　日本語で答えるときは、かたことの日本語にしてほしいんですわ」

「はい、わかりました」

「コルバトントリ山から来たと言ってもらえます？」

「はい、わかりました」

「サンタは二階の窓から入って来たという設定になっとるで、忘れんようにお願いします」

「はい、わかりました」

（えらく物わかりのええ人やけど、ほんとにわかったのかなあ。ちょっと心配やなあ）

「それじゃ、私についてきてくださいね」（子どもに見つからぬよう、ぬき足さし足しのび足……）

ありがとう　サンタさんダーイスキ！

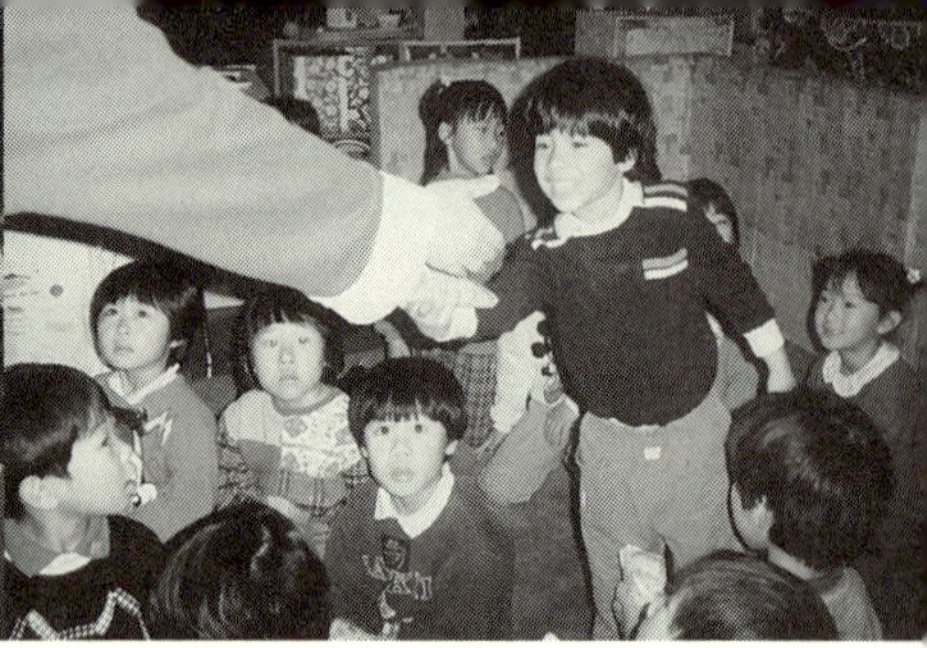
サンタさんと握手　ドキドキするな

「あっ、きた！　だめだめ隠れて隠れて」
「それ、いまのうち早く早く」
郵便局員さんもなにをさせられることやらお気の毒に。子どもたちより一足先にホール入り。寒さに震えながら倉庫の中で出番をひたすら待ってもらいました。

サンタさんは青息吐息

そのあとへ、なんにも知らない子どもたちがワイノワイノと入場。

ホールの暗幕を引いておごそかにキャンドルサービスが始まりました。暗闇のなかで子どもたちの手にするろうそくの炎がゆらゆら揺れて室内はとってもメルヘンチックです。すると突然、シャンシャンシャンと倉庫のほうから鈴の音が……。「あっ、サンタさんがきたのかな？」司会者の声と同時にドアがパッと開き、ジャジャジャジャーン、サンタさんの登場です。一瞬、シーンと静けさが漂います。

じろじろ、しげしげ、穴のあくほどサンタさんを見つめる子どもたち

サンタさんが道に迷うといけないので地図を描きました
（３歳児クラス）

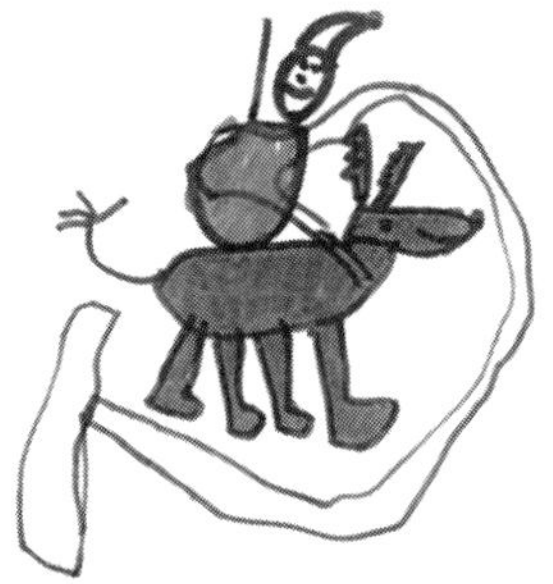

の真剣なまなざし。

サンタ「メリークリスマス」（うんいいぞ、その調子）

子どもたち「メリークリスマス」

『きよしこの夜』のリングベル演奏でサンタさんを迎えます。

「サンタはなんで赤い服を着ているんですか」

「サンタさんは何歳ですか」

「トナカイはどこで待っとんの」

「トナカイはなんで空が飛べるの」

「トナカイはなにを食べているんですか」

「サンタさんは寒い所に住んでいて寒くないですか」

ここぞとばかりに子どもたちは、サンタさんへ質問攻め。

「それはですね……」（ちがう、ちがう、片言の日本語という約束やったやろ、津弁まるだしやんか）赤くなったり青くなったり、悪戦苦闘のサンタさんの回答にも、子どもたちは神妙な顔つきでうなずいています。

そしていよいよクライマックスのプレゼント渡しへと移ります。

ロウソクのちらちら灯った薄明かりのなかで、ぼうーと照らし出された幻想的なサンタさんの顔に見入りつつ、手にはしっかとプレゼントを抱え込み、雰囲気は大いに盛り上がっています。舞台演出でいえば、ただいまフィナーレを迎えているところでしょうか、いよいよ舞台裏の小道具係は大忙しとなります。

予期せぬ出来事

素早く一階の冷凍庫に飛んでいき、牛乳パックにこしらえた氷の固まりをハンマーで打ち砕き、テラス、園庭、池の周り一面にばらまきました。予想どおりサンタさんを追いかけてドドドッとテラスに現れた子どもたちは驚きの声をあげました。

子「氷や！　氷が落っこっとる」
子「そりについとった氷や」
子「そりのあとがついとる」（三輪車の輪のあと）
子「おーい、そりの線がこっちにもついとるぞー」
子「トナカイの足跡発見！」（偶然できた単なる丸い形）

しめしめ、氷作戦大成功、してやったり。

ところが興奮しながら園庭のすみずみまで調査にとりかかった子どもたちは、あることに気づいたのです。
子「大変！　池の金魚が足りん」
子「ほんとや、もっとおったのにおらんようになっとる」
子「トナカイがここで待っとる間に食べたんとちがうか」
子「ここに苔がはえとる」（池の淵についている水苔）
保「えっ、ほんと？　そういえばトナカイは苔が好きって（絵本）に書いてあったなあ」
保育にアクシデントはつきものといえ、まったく予期せぬ出来事でした。そんなはずはないと池の金魚を数えてみたのですが、確かに数は少ないように思います。それにしても子どもたちの観察力には驚かされます。
保「そうや、『公平金魚』おるやろか、探してみて」
この『公平金魚』とは、池の金魚のなかで一番のチビ。しっぽだってたらりと下がっていてひらひらでなく、ゆらゆら動かすその恰好がなんとも愛嬌があり、二歳児クラスの公平君のイメージとぴったり。そこで私が名付け親となりいつしかこの金魚、みんなにかわいがられるようになったといういきさつがあったのです。
子「おらん、おらん。『公平金魚』おらん」
ほていあおいの陰にひそんでいるんじゃないかしらと一つひとつていねいに裏返してみた

ものの、ついに発見できませんでした。

子「サンタさんにお手紙で、トナカイが金魚を食べへんだか聞いてみよに」

実のところどうしたものか困ってしまいました。このさきの保育のストーリーがまったく見えてこない。まあいいっか、手紙書きたいと言うんだから書かせてみても。

☆子どもたちの手紙

「きょうは、きてくださってありがとう。トナカイさんが金魚を食べたようですから、ちゃんときいといてください。」

「きょうは、きてくれてありがとう。サンタさんのトナカイさんが、きんぎょたべてませんか。」

「トナカイさんがたべたきんぎょかえしてください。」

全員がトナカイが金魚を食べたから返してほしいという内容の手紙を書いています。『トナカイさんごめん』。一体これからどうなることやら、トホホホ……。

氷にそりのあと、トナカイの足跡、それに決定的なのは金魚の数が足りないこと。これだけの証拠を突きつけられれば疑う余地なしです。津弁まるだしの今年のサンタは本物だとどっぷり信じ込んでしまいました。ところが、この金魚騒動、真相が解明されたのは数日後のことです。屋根の上から舞い降りたからすが池のてすりにとまったかと思うと、バシャバシャ水の中で漁を始めたのです。

保・子「コラー、金魚食べるなー！」

犯人は頭のよいからすの仕業でした。トナカイさん、とんだ濡れ衣だったというわけです。手紙はすんでのところでストップしたのですが、もし出していたらどんな展開になっていたのか悩むところですが、まずは一件落着にほっと胸をなでおろしたのは保育者だったというわけです。問題解決に協力してくれたからすさん、ありがとう。

イメージの世界を遊ぶ

サンタが去ったあと、つぎのようなA子とMの会話が耳に入ってきました。
A子「サンタさんにそりに乗せてくださいって頼むの忘れとった」（いかにも残念そう）
M「私、覚えとったけど誰か言うやろと思とった」
実は、サンタさんにそりに乗せてほしいって頼んでみようという事前の手はずになっていたのですが、サンタ登場と同時にすっかりそのことは忘れてしまっているかのようにみえました。しかし今頃になっていかにも残念そうに二人が話すので、それならばせめてイメージの世界で自由に大空をかけまわりましょうと、イメージ遊びを思いつきました。
十人の子どもたち、イスに座って目を閉じます。
保「シャンシャンシャン、トナカイが降りてきました。さあ皆さん、早く私のそりに乗ってください。A子ちゃん、さあ早く！」
ところが、なんと、ここでA子は真剣に悩んでしまったのです。
A子「乗りたいけど帰ってこれやんといややでやめといたほうがええ」
M「私も帰れやんといややや」
イメージ遊びなのに意外な返事。遊びの世界を楽しんでいるはずなのにどうして本気になってしまうのか、あれだけトナカイのソリに乗りたがっていたのに……。子どもの心理って不可解なことがいっぱいです。結局、男の子は乗りたい、女の子は乗りたくないに分かれてしまったのですが、全員そりに乗ってもらわなくちゃ話がすすみません。説得の末、そりに乗ってサンタの国へ行くことになったのですが、ただ一人用心深いM君だけはがんとして説得を拒否、留守番を固守したのです。
保「じゃあ、M君は留守番。みんなはしっかりそりにつかまってください。さあ飛びますよ、いいですかグィーン。どんどんどんと空へ登っていきまあす。ほら保育園があんなに小さく見える」

このときの子どもたちのようすを見ていると、目をつむりそりの手すりをグッとつかむポーズで完全に空想の世界に溶け込んだようです。
保「海を渡りますよ。風がビューウービューウー」
A子「そやで、いややゆうたのに。もう帰る！」（本気で怒りだしてしまいました）
保「みなさあーん、おなかがすいたら浮かんでいる雲を食べてください。ほら、雲がふわふわーわ、手でつかんでごらん。綿菓子みたいでおいしいよ」
子「パクパクパク、ふわふわで、ああーおいし！」
保「雲を食べてみんなのおなかはポーンポン」
K太「あっ　島が見えるぞ」
保「本当だ。疲れたから島に降りてみよう」
「ドッスン！　着いたところは無人島。今晩のおかずはなににする？　お願い、男の子は魚をつかまえてきてね」
S君「ぼくは鮫をつかまえてくる」
H君「くじらをつってきたに」
U君「ぼく、ひぼし」（すぼしのこと）
保「女の子は木の実を探してきてください」

女の子「ももとってきた」「私、なし」
りんごにぶとう、くるみ、いちご……季節に関係なく出るわ出るわ、自分たちの好きな物ばかりです。
保「それじゃあ、火を起こしてキャンプにしよう。そのころ家では、子どもたちがいなくなったと大騒ぎをしています」
M君「ぼくはトナカイに乗らへんだでよかった」（ほっとしたようにつぶやいています）
保「あっ、大変！　トナカイがいない」
子「エエッー」
保「飛んでいってしもたんやろか」
子「どうやって帰るのさ」
子「イヤヤー」
今までイメージの世界を楽しんでいたはずなのに突如、不安と驚きを露わにして大混乱です。この動揺は完全に空想の世界と融和状態になっているから生じたことなのでしょうか。すったもんだの末、やっとサンタランドまでたどり着いたのでした。それにしても子どもたちの集中力はすごいと思いました。
目を閉じるとそこには子どもたちと私だけの夢の世界が広がり、外界から束縛されるものはすべてシャットアウト。吹雪のなかをかけめぐるそりの上へとタイムスリップして、冒険を繰り広げることができたのです。

想像力を働かせ、やってみたかったことをイメージの世界で、ときには本気になりながら実現させていくおもしろさ、こんな遊び、そうできるものではありません。それはきっと、共通の体験と信頼し合える友だちがいて、そして保育者がいたからこそできたイメージ遊びだと思うのです。

楽しい保育が生まれる条件

世界中で行なわれているサンタ物語。でも一人ひとり個性があるように、展開される内容もまたそれぞれ持ち味があって、さまざまなドラマが生み出されているのでしょう。

保育園の一年間の生活をみると小さな行事、大きな行事の組み合わせで構成されています。実施されている行事そのものは大体どこの園でもあまり差はないと思うのですが、問題はその中身です。

加用文男氏は『子ども心と秋の空』（ひとなる書房）の中で次のよう書いています。

「保育内容という点で、どこの園の遊びにも個性があるものです」という文から始まり、

「問題は、その個性が、上からの『業務命令』のような形で作られたものなのか、それとも職員集団の民主的なアンサンブルによって長年の間ににじみ出てきたものなのかでしょう。それがどちらであるかによって、子どもたちや保育者の遊び感覚が生きいきしたものになるかならないかが決まるのです」と書かれていますが、まさにそのとおりだと思うのです。

園の方針や保育内容、担任の持ち味などは、それぞれ違いがあって当たり前なのですが、おおもとでの職員の和という点において不協和音が生まれないようにしたいといつも願っています。

縦の関係でなく、保育する仲間として本音で話し合い、信頼し合うということが楽しい保育が実践できる大切な条件ではないでしょうか。

このことが、ただプレゼントを運ぶだけのサンタさんになるのか、それとも子どもたちの夢を広げるサンタさんになるのかの分かれ目のような気がします。

さあて、今頃コルバトントリ山では、仕事を終えたサンタさんが、暖炉の前で居眠りしているかな。

保育者ときどき子ども

私の保育実践論

小さな生き物たちと心通わせる保育

（1）ドキドキ、ワクワクする飼育栽培ってどうするの？

自然がなくても

寒い冬が過ぎ、やっと春を迎えた園庭の片隅で、数人の子どもたちが草の根っこをかき分

け植木鉢を引っ繰り返しながら、何やらゴソゴソと夢中になっています。ははあ、ピンときました。

この時期、決まってすることは、だんご虫捕りと相場が決まっているんです。

「おった！　ここにもおる！」

「イワツキー、こっちきてよー」

「虫博士～、変な物がおる～」

事務所に息せききって駆け寄って来る子どもたちの眼の輝き。

一緒になって花壇の石ころやブロックの塊の下を覗いてみると、出てくるわ出てくるわ、ぞろぞろぞろ、だんご虫軍団。

その一つひとつを大事そうにままごとの茶碗や服のポケット、カバンに詰め込みお母さんをギャーと言わせたり、飽きることを知りません。こんな姿を見るにつけ、まだまだ子どもたちは健在だと安堵するのです。

思えば私たちの小さい頃にはここ、あそこの小川でたもを持ってめだかや鮒を追いかけ回したものです。それが今やお日にかかれなくなったなんて誰が予測したでしょうか。

しまいにはざりがにやカエルだってそうなってしまう時代がやってくるんじゃあないかしら。こりゃあ大変です。

こうなったのも無責任な人間のとった行動の結果ではないでしょうか。地球の生き物たちはみな仲間です。人とうまく共存しながら平和に過ごしたい。そして子どもたちがあるがまの姿で、澄んだ青空と緑の中で土にまみれて遊べたら……、そう願わずにはいられません。

まだ最近の事ですが、こんなことがありました。

〝昔、この保育園の付近でざりがにがウジャウジャおった〟という言い伝えを手掛かりに、子どもたちとざりがに捜しに出かけました。交通の激しい道路を横断し、やっとの思いで旧道の脇道へとそれると、張り詰めていた神経も緩みホッとします。

そろそろ伝説のざりがにの住家はこの辺りかと目を皿のようにして捜すのですがいません。

「おらんなぁ」

「ざりがにどこへ行ったんやろ」

たんぼの溝はコンクリートで固められヘドロ化していました。

とうてい生き物が住めるような環境ではないのです。

結局、あめんぼう一匹みつけられず重い足取りで引き返したことがありました。ああ、森や川や広い原っぱがほしいなあ、自然や遊び場があればいっぱい遊べるのになあ。

ところがふと、私の脳裏をかすめたことがあります。

以前、三重県でも片田舎の保育者の嘆きの言葉でした。

「山やたんぼや川、美しい自然に恵まれているのにファミコンに熱中したり塾通いの子どもが多くなり外で遊ばなくなった」と言うのです。そういえば、草花や野菜が目の前に溢れているというのに花の名前一つわからないという人はたくさんいます。

これはどういうことを意味しているのでしょうか。

つまり自然や遊び場に恵まれていても、そこに子どもが関わって遊ぶということをしなかったら、自然はその子にとってなんの価値も持たないということになるのでしょう。

興味や関心、つながりの深さがいかに大切かということだと思います。

自然がない、遊び場がないと嘆いていても始まらない。

それじゃあどうするか。

私たちの生活の場には、必ずちょっとした暗い空間、小さな穴、木の茂み、物置小屋があります。それさえあれば、子どもたちは自由自在に想像の世界に遊ぶことができると思いませんか。

暗闇の向こう側に見えるもの、それはその時々に応じて変化する、なんでもありの世界なのです。

「子どもが怖がるから……」としりごみしないでくださいね。

怖さと好奇心との絶妙なバランスを楽しむこの探検あそびは、いつも明るい場所と整理整頓された環境が用意されている時代に生きる今の子どもたちにこそ必要なあそびだと思うのです。

そして、もう一つおもしろいことに気づきました。

小さな生き物たちとも、この探検あそびでみせるあのドキドキ、ワクワクの世界を楽しむことができるというものです。

「へェ～ホント？」と思うでしょ。

クロッカス、ヒヤシンスなど、どちらかというといつも栽培されるわりには脇役の存在として扱われる水栽培用の植物やかいこなど、保育の工夫しだいで涙あり、笑いありのドラマを展開することだってできるんです。

ごく身近で手軽に手に入る植物や生き物たちと心通わせ、仲間と共に不思議の世界に出かけましょう。

自然がなくてもまだまだ私たちの周りには小さな仲間がいっぱいいるじゃありませんか、というのが私の提案です。

名前をつけて、気分を味わう

さわやかな緑の風が、時折サーッと保育室を吹き抜けていきます。『あぁ〜あ、いい気持ち』思わず深呼吸。

季節は六月を迎えました。園庭の花壇には、やぐるま草やマーガレット、スノーポールの花が咲き乱れてそれはきれいです。

「どれにしようかな」選びながらそれぞれお気に入りの花びらをチョッとつまんでままごとのご馳走に――。

お料理名人のMちゃんのレストランでは、型抜きでつくったライスの上にブルーとピンクのやぐるま草の花をちりばめ、名付けてムーンライス。いろんな花びらを幾重にも重ね合わせたプリンセスアラモード、森の妖精。

本当においしそう……。こんなふうに名付けることにおもしろさを感じながらイメージを広げています。

また、こんなこともありました。三歳児クラスの子どもたちと一緒に粘土で遊んでいた時のことです。いきなり西の空が暗くなりだし遠くの方で雷鳴がします。

「コワイ、コワイ」と半べそかいてオロオロする子どもたちを落ちつかせようと、楽しいかみなりのイメージがわく話をしてみました。
私「かみなりさん、今頃お空のうえで大きなお鍋を出して、へそをごろごろかき混ぜているのかな？　かみなりさんの大好物は『へそあめ』なんだって。子どもを連れてお買い物に来るかもわからんで、好きな物みんなでつくったろか」
子「うん、へそあめ、へそまんじゅう」
子「へそケーキ、かみなりだんご、へそポッキー、へそたこやき、へそクッキー、へそアイスクリーム、ドーナツのおへそ」
でるわ、でるわ、やたら頭にへそをつけた食べ物が……。
粘土でコネコネつくり出し、いつの間にやらかみなりさんの怖さもどこかへ吹っ飛んでしまったようです。
子「かみなりは『雲自動車』に乗ってお買い物に行っとんの」
子「ほら、かみなりのへそポッキーつくったよ」
かみなりさんが喜びそうなお菓子が勢揃いしたところへ再びゴロゴロゴロとかみなりの音。
ソレッとばかりにみんなが外に飛び出し、黒雲に向かって大合唱です。
子「かみなりさ～ん、きてよ～」

あらあら、あんなに怖がっていたのに……。ちょっとイメージを変えるだけで気持ちの持ちようがこんなにも違ってくるんですね。

名前をつけてその気分になる。どうです？　おもしろいと思いませんか。

同じ名前をつけるでも植物や生き物になると少し感じ方も違ってくるように思います。

雨上がり、しっとり濡れたブロック塀にへばりついていたでんでんむしをたった一匹見つけて持ち帰り、飼育ケースに入れて大切に飼っていました。その翌日から誰が持ってくるのか毎日一匹ずつ仲間が増え、いつの間にか五匹になっていました。

子「先生、でんでんむしにも名前つけたろに」

植物にしろ、小さな生き物にしろ私はよく名前をつけるようにしています。そのほうがなんとなく親しみが持てるような気がするからです。子どもたちもそのことをよく知っていて催促してきます。薄茶に黒い線がグイとはいっているのは太郎、白地に薄いピンクの線がはいった桜貝のように上品なでんでんむしにはさくらももこちゃん（ちびまるこちゃんの作者の名前）、あと続いて、きみちゃん、次郎、ラムちゃんと命名されました。

すると、より一層かわいらしさが増してくるような気がするものです。こうして考えてみると飼育栽培の対象物に名前をつけるということは、子どもたちの気持ちの中に、自分たちと同じ仲間として受け入れられやすい状態を創り出すという役目を果たしているのかなと思うのです。

さらに、「お父ちゃん、お母ちゃんになって育ててみよう」という提案に対しては、子どもたちや植物、生き物たちとの間に特別な関係を築いてしまうように思えるのです。

日頃から愛情こめて世話をしてくれている父、母に自分たちがなろうというのですから第一心構えからして違います。

ヒヤシンスやクロッカスのように水栽培用の球根として手軽で扱いやすいと重宝がられているわりには、あまり重要視されにくい植物ですら、自分の『お子様』として名前をつけてかいがいしくめんどうをみる姿はさながら保護者のようです。

友だちや父、母になって感情を交流し合い絆を深めていくというように、ちょっと変わったこんな飼育栽培の方法もあってもおもしろいと思いませんか。

好奇心をかきたてる

数年前のことです。四、五人の子どもたちと道端に栽培したなすを収穫した時のことです。たくさん実をつけたなすに混じって一つだけとてつもなく大きな、なすがぶらさがっていました。

私「アッ、おばけなすび発見！」

子「おっきいなすや！」

大騒ぎになったのですが、その時のひらめきで「なすびが今、プルプルって動いたみたいや」と声をひそめて話したとたん子どもたちはその場に立ちすくみ、どうしてもはさみを入れてもぎとることができなくなってしまったのです。どうするかしばらく見ていると、ちょうどそこへおじさんが通りかかりました。

「おじちゃん、あのなすび切って」

ちゃっかり頼み込むという行動にでたのです。

親切な通行人のおじさんは何も知らずに「どれや、これか、プッツン」と切ってくれたのです。その日はおばけきゅうりも一緒に収穫。その後、包丁で切るときも大変でした。『中からおばけが出てくるんとちがうやろか』と恐れおののく子どもたちの姿がおもしろく、切る時にきゅうりの代弁をして「ウウ、イタイ、イタイ、ヤメテクレ〜」と言うと「先生がゆうとるんやんか、きゅうりはなんにもしゃべってへんやんか！」と言いつつも、近くのままごと用ミニハウスの中に逃げ込む始末。

でこぼこきゅうりの表面が目や口に見えてくるのです。

でも私は、『中がどんなふうになっているのか見てみた〜い！』という気持ちがおさえられず、「ええい！」と切ったきゅうりの中から出てきたものはおばけでなく、ひねた種がどっさりこ。

「アリャマァ〜」

普通のなすやきゅうりだったらこんなふうにはならなかったでしょう。とてつもなくデッカイところがミソなのです。

人間の心理って見えないところを見てみたいという気持ちが働くんですね。驚いたり、ドキドキしたり感情の揺れ動きを見せながら、もう一方の気持ちでは『へェ〜こんなふうになってるんだ』と、けっこう科学的な目で観察しているところってあるんですね。

探検遊びにしろ植物にしろ、隠れている部分に対してその奥にある真実を知ろうとする探求心や知的好奇心が生まれます。

みんなでああでもない、こうでもないと模索している中で科学的な芽が育ち、友だちのよさを発見し合ったり絆を深め合ったりする活動へと発展していきます。おもしろいと思ったのは、子どもたちの興味や好奇心をかきたてればどんどんイメージが広がっていくということです。そしてなにより推理し合う仲間がいるからこそあそびが楽しいのです。集団の力って偉大だなあとつくづく思います。

知識は新しい世界を広げる

子どもに限らず学ぶということはとても大切なことです。

言わば人生の永遠の課題だと思うのです。ところが自分の学校時代を振り返ってみても、あまり勉強をおもしろいと思った記憶はありません。ただ自分が興味を持っていることは言われなくても知りたいという欲求にかられたことを思い出します。

本来、学び知識を吸収するということは楽しいはずなのです。

それを他人から強制されたり、機械的にこなしていかねばならなくなったりすると勉強嫌いになってしまいます。

学校と保育園とではシステムがまったく違うので同列に論じることはできないと思うのですが、知ることにより新たな世界が開けてくるという点では共通しているのではないでしょうか。

今までの私の保育経験の中でも特に印象深かったのは「エルマーのりゅう」の実践です。遠足に行った先の貯水池でりゅうの光る目が見えたのではないか、いや確かに見えたというのが発端で、エルマーのりゅうはなんという種類のりゅうなのか知りたいというすさまじいまでの欲求に図鑑を競い合って調べ出したのです。恐竜には草食性と肉食性の二種類あること、日本で発見されたりゅうはフタバスズキリュウ、エルマーのりゅうは羽根があるから始祖鳥の仲間か？ なぜ恐竜は滅亡したのか？ など問題の本質をつくような議論をみんなでワイワイし合ったことを今でもよく覚えています。

そして山芋を掘った穴をへびの穴と勘違いしたことから、世界のおびただしいへびの種類を覚えてしまい、興味も次第に多岐にわたり、どんどんエスカレートしていきました。かなり高度な知識を習得するまでに至ったと思います。私も子どもに刺激され予備知識を得るため専門書を読みあさってみるとこれがなかなかおもしろい、学ぶということはかくありなん、なんて思ったものです。（注）

これと同じく図鑑に興味を持って調べ出すという例では、かまきりの生態やバッタの種類を調べることにのめりこんだ三歳児クラスの子どもたちの例があります。

はらぺこかまきりを自然環境に近い状態で観察するうち、もっといろんなことを知りたいという欲求がムクムクと頭をもたげてきます。何を食べさせたらかまきりは長生きさせられるんだろうという発想から、その餌食となるバッタ捕りへと関心は広がりをみせます。

そのうち、とれたてのバッタを食べさせようと非常に残酷な実験を子どもたちは平気で試みようとします。

かえって大人のほうが拒否反応を起こしてしまい『キャーモウヤメテクレ～』と叫んでしまいそう。しかし、思わずふさいだ手の平の間から垣間見た光景は、これがなんとも神秘的、厳しい自然界の営みを目の当たりにして感動したことを思い出します。

図鑑でバッタの種類を調べたり、住んでいる場所によってバッタの種類にも違いがあることなど、知ることとの喜び、自分の得た知識や発見が仲間に受け入れられ、認められた時のうれしさ、そしてそのことが自信へつながっていきます。

これら二つの例から言えることとは、驚きや感動を伴った体験は、人の気持ちの内なる欲求をかきたてずにはいられないということでしょうか。勉強するということは本来こういった姿ではないかなと思うのです。

昔のことになりますが、理科の教科書に果物や球根の断面図が載っていて、胚乳や胚芽などの名称やその働きを授業で覚えたことがありました。おぼろげながら知識として頭の隅っこに残っているという程度のものです。しかし、クロッカスのお父ちゃん、お母ちゃんになって育てるという特別な関係を意識的につくるという栽培方法ではどうでしょうか。

こうなると事情はまったく違ったものになってきます。

子どもたちと球根との間に芽生える愛情。幼芽があるかないかは一大事、自分の子どもであるクロッカスが育つかどうかにかかってくるのですから。

球根が腐りはじめた時、かわいそうだといやがる子どもたちを説得して球根にナイフを入れたことがありました。その断面図と元気な球根の断面図とを比較してみると一目瞭然、腐ったほうの球根には双葉に成長していくはずの花芽がまったくないのに驚きました。と同時に子どもたちはとても嘆き悲しんだのです。

同じ球根の教材を扱っても、植物を見る目はまったく違ってきます。単なる知識の習得で終わるのか、命の重み、同じ地球で生きている仲間として、いとおしさまで実感できるのかどうか、栽培の方法やその後の展開の仕方によっては、結果的にこんな大きな違いが出てくるのではないでしょうか。

学ぶということは、ただ単に知識が豊富になるというだけではなく、人として心が豊かになり、未知なる世界を切り開いていく喜びや希望が生まれてくるものなんだろうと思うのです。

(注)『エルマーになった子どもたち』(ひとなる書房)

(2) やさしさを育てる保育

関わりを深める中で生まれるおもいやり

保育のカリキュラムを立てる時によく『飼育栽培を通して、やさしさやおもいやりの気持ちを育てる』と書きます。なるほど大切なことです。しかし、一口で言うほどそうたやすいことではないでしょう。にわとりや小鳥やうさぎなどの小動物を飼っていたら、やさしい気持ちが育つのでしょうか。そんなものではないですね。

汚いウンチの世話や水替え、餌やり……、毎日の仕事となってくるとけっこう大変です。ましてや命のあるものですから、忘れたりしたら命を落としてしまうことになってしまいます。当番を決めてみんなで世話を一生懸命したり、汚いからいやだと言い出す子に対しては話し合いをもったり、保育者にとっては他にも保育の課題や雑用がわんさかあって大変だけれど、飼育栽培は大切だと位置づけているからこそがんばってしているのだと思うのです。

以前、うさぎの飼育をしていたことがありました。

うさぎをかわいがっていた子どもたちが、抱っこしてほおずりしながら『うさぎの毛って、たんぽぽの綿毛みたい』と表現したと言っては感動したり、たんぼの畦道に生えている〝すかんぽ〟や〝はこべ〟などをとってきては食べさせていたのですが、その草の中には『きつねのぼたん』という有毒植物が混じっているから気をつけよう、手折った時に黄色の汁が出るのは毒があり、牛乳のような白い汁が出る植物には毒がない、などの知識を得ていきました。こうした体験をする中でいろんなことを学んでいきます。

そして、保育園生活の中でうさぎとの思い出が強く胸に刻まれたのでしょう。この子たちが卒園の時にはうさぎの詩をつくって朗読したのです。

ぼくたちのうさぎ

ぼくたち　うさぎ　だーいすき
だって　黒うさぎの毛　ふわふわ
たんぽぽの　わたげみたい
目もかわいい　ちいちゃくって　ぱっちり

ぼくたち　がんばって　たわしでごしごし　小屋掃除
人参畑で　にんじん　ひろった
ほんとうは　学校まで　つれていきたいなぁ

生き物と関わる中で子どもの気持ちを揺り動かすほどの感動、心の躍動感をどう保育の中で創り出すのか、その点を考えてみる必要があるのではないでしょうか。

当番活動をきちんとすることにとらわれすぎても途中でしんどくなってしまいます。もっとのんびりゆったりと、生き物を通して子どもたちの目線で楽しむ関係を築いていくことのほうが大切なような気がします。

よく六月ごろになると壁面や絵画制作にはあじさいとかたつむりのオンパレード、室内にはざりがにやだんごむしの飼育というような構図が浮かびあがってきてしまいます。○○せねばならぬという気持ちを解きほぐし、まずは保育者自身、生き物はかわいい、おもしろいと興味を持つことができるかどうかだと思うのです。保育者の言動は、子どもに及ぼす影響が大だからです。

小さな生き物たちは私たちの愉快な仲間です。じっくり付き合ってみれば、そこからまた保育の糸口が必ず見つかるものです。

生と死を見つめて

生き物を育てるには『死』がつきものです。

子どもたちと友だちだったかまきりの『かまこ』が死んだ時の会話を、三歳児クラスの担任から聞かせてもらったことがありました。

いつもガヤガヤにぎやかな元気印の子どもたちも、この時ばかりは神妙な面持ちでかまきりの死骸を囲んでいたそうです。

保「かまきりなんで死んじゃったのかなぁ」
子「寒いから死んだの」
子「虫とかバッタとかもっともっと寒くなると死ぬの」
子「食べる物がないの」
子「かまきりはバッタとかゴキブリ食べるよ。せみも食べるよ。ほら、この図鑑に載ってる」
保「みんなは服着てるけどかまきりは服ないもんね」
子「ハッパのおうちはあったかいよ」

子「でもさ、雨とか風とか吹くとかまきりは死ぬの」
保「もうお別れだから触ってみてもいいよ」
子「かたいね」
子「ちぢこまった」
子「かまきりのお医者さんに行けばいいんじゃないの。かまきりのめめをチュチュとしたら、薬をしたら生き返るの。目をパチッとあくの」
まだ三歳児クラスの子どもたちには死というものがはっきり理解できていないのでしょう。固くなって動かなくなったかまきりを前に、死の因果関係を一生懸命さぐろうとしているようすがうかがえます。
かまこと一番の友だちだったT君は、自分と同じようにお医者さんに診てもらえばまた目が開くのではないかと必死に訴えかけるというやさしさを見せました。
この話には次のような後日談があるのです。
二月の中頃、寒さも途切れ久しぶりに暖かな日のことでした。園庭の隅にある池の金魚に餌をやっていると、めざとくSちゃんが何かを見つけたようです。
S「あっ！　バッタがおる！」

T「本当や、バッタがおる！」
私「えっ！　今頃おるはずないやんか」
S「ほら、あそこ」
T「ここから見えとる」
まさかと思いつつ子どもの指さす方をよく見ると、池に浮かぶほていあおいの葉先に鮮やかなみどり色がかすかに突き出て見えています。草の芽のようにも見えるので、そばに行って確かめてみると、な、なんと、かまきりのかまこと一緒に生活していた〝くびきりぎす〟が寒さにも負けずまだ生存していたのです。
私「アレェ～本当にくびきりぎすや、めずらしい！　ようみんな見つけたなぁ」
S「ぼくが見つけたの」
水草の枯れ葉の中にスッポリ頭から隠れるようにして冬眠中の所を発見されてしまったのです。
T「死んでる？」
足をツンツン触ってみるとわずかにピクピク動くではありませんか。
私「動いた、動いた」
子「どこどこ、見せて見せて」

みるみる間にくびきりぎすの周りは黒山の人だかり。

私「餌は何食べるって図鑑に書いてあったかなぁ」

T「きゅうりにねぎ、給食のおばちゃんのとこ行って聞いてこようっと」

T「おばちゃん、おばちゃん、かわいそうなバッタなの。何か食べる物ほしいよって言ってるの」

白ねぎのくずをもらってきて食べさせるのですが見向きもせず、そのうちソロソロ移動しはじめました。寒さでかじかんだ体の動きはにぶく、子どもが触ったからでしょう、側に置いてあった水のたまっているお鍋の中にポチャンと落っこちてしまいました。

あわてて這い上がってきたくびきりぎすはビチョビチョ。

一生懸命濡れた自分の身体や触覚を手で乾かそうとしています。

それを見つめる心配そうな顔、顔、顔。何をしているのかと思えばRちゃんが枯れ葉をせっせせっせと運んでいます。少しでもあったかくしてあげようとの心くばりが感じられます。

そのうち南天の枝の、日が当たっている先端めがけてくびきりぎすはよじ登り、身体をあたためようとひなたぼっこをはじめました。その側を離れず細かな観察をずっと続ける子どもたちの興味深げな眼差し。かまきりの死を経験したからこそくびきりぎすが生きているという喜びと驚き、生命の輝きに感動を覚えたのです。

飼育あるいは栽培する中で必ず死との対面があります。悲しさ、せつなさ、そして新たなる生への喜びを体験を通して感じとっていきます。友だち同士、心配し合ったり、励まし合ったり心通わせながら、どれだけ豊かに生き物たちと関わり合ったかで、やさしさやおもいやりの気持ちは生まれてくるものではないでしょうか。

子どもと向き合うとき

（1）楽しい保育の糸口を探す

あ・うんの呼吸

保育における導入方法は、保育者がどんな保育を展開していきたいのか、意図的に働きか

ける言わば入り口なのですからとても大切だと思います。そこで失敗すれば子どもの興味の持ち方と保育者の気持ちとの間にズレがあったということなのでしょう。

反省し次の手だてを余儀なくされる、そんなこともしばしばあります。子どもと向き合うとき、その場その場の子どもの状況把握はもちろんのこと、クラス集団の高まり具合などしっかり見極めることが必要です。子どもの気持ちが高鳴っているときのタイミングをとらえて話の方向性を示すと、案外乗り気になって集中してきてくれることとって多いように思います。

例えば就学を控え、今から学校見学に行くという直前の話し合いの時です。

「学校は三階もあるし広くていっぱい部屋があるから、きっと迷路みたいになっとるんと違うやろか。迷子にならないようにみんな気をつけてね。さあ、迷路探検に出発だ！」と言ってみたのです。

その時の感覚はいまだによく覚えています。

『迷路探検』という意外な言葉に驚きの表情を見せた子どもたち。学校は勉強するところという概念が崩れたのです。

緊張が興味へと変化した一瞬を、ぴんと張り詰めた空気の中に感じたものです。子どもとの気持ちの一体感を味わうことができた時は保育者としての喜びをかみしめるひとときです。

言うまでもなくこの学校探検は非常に楽しいものとなりました。

保育園の数倍もある教室や運動場の広さに圧倒されっぱなしだった子どもたち、この扉の向こうには何があるのだろうと想像するとドキドキワクワクしてきます。帰る時には学校っておもしろいと全員が思えるようになっていました。（注）

この学校探検の実践では、出発する直前という状況の中で、子どもたちの気持ちの高まり具合をうまくキャッチしながら投げかけた保育者の一言が、学校見学するはずのものを学校探検へと大きく変えてしまったのです。保育って、子どもや保育者の間に生まれる呼吸や気分によっても大きく左右されるものだと思いました。

その他にもわかりやすい例では、節分の鬼やサンタさんの登場する時もそうでしょう。カレンダーを見ながらそろそろ近づいてきたなと、子どもたちのほうでも期待する気持ちがだんだんふくらんできます。その頃合いを見計らって話を導入すると、必ず目を輝かせ話がどんどん盛り上がってくるものです。今、この話が子どもの気持ちにピッタリくるかどうかの見極めが大切ですね。判断を誤らないためにも、いつも子どもの心のときめきが感じられる保育者でありたいなと思うのです。

（注）『現代と保育三十六号』（ひとなる書房）

園の環境やそこに住む人々の心を知って保育を豊かに

新しい園と出会うたび、まずすることは園の環境を調べてその土地で展開するのにふさわしいお話や遊び方はないかなと考えることです。それには子どもたちとの散歩が絶好のチャンス。

『フゥーンこんな所に空き家があるな、この木の茂みでかくれんぼするとおもしろそう』キョロキョロ辺りを物色しながら歩くのも楽しいものです。メイン通りからはずれ路地裏に出ると街のもう一つの素顔が現れワクワクすることだってあります。

その土地に伝わる伝説や物語、地理的条件やその街に住む人々の心意気などを知ることは保育を充実させるうえでも、とても大切にしたいと思っています。

ビルが建ち並び道路が縦横無尽に走る街の真ん中に建っている保育園に異動になった時のことです。この園ではどんな遊びができるのか思いあぐねているうち、いつの間にやら季節は秋になっていました。

たんぼの稲穂が頭を垂れる頃、街は祭り一色に染まります。

すると園も、にわかに活気づきだしました。

津の名物、唐人踊りやしゃご馬保存会のメンバーであるお父さん、お母さんの影響もあって、まつりだ！　ワッショイ！　年長児から赤ちゃんに至るまで来る日も来る日も踊り続けます。

この時ばかりは街と園とが一つになって燃え上がります。

ブオォ〜、ドンドコドン、ドンドコドン、園中に太鼓や笛の音が響きわたり『もうじっーとしていられないよ〜』『気分爽快！　あ〜楽しかった！』。この街に住む人々の心意気がびんびん伝わってきます。

そうなんです、この園には祭りがあったのです。

どの地域にもそれぞれ異なる顔があり、そこに住む人々との出会いがあります。地域を知ることは保育の幅をひろげていくことにつながっていくのです。園の周りの環境を保育に取り込むことだって大切だと思っています。近所の山や空き地、どぶ川、おんぼろ小屋に至るまで、場所を選ばずそこにうごめく物語の主人公たち。自由自在に出没させ空想の世界を駆け巡ることだってできるのですもの、こんな楽しいことはありません。特別の意味を持って存在する、ここ、あそこの場所は大きくなってからも強烈な印象として心に刻まれるのではないでしょうか。さあ、自分の住む地域の歴史をひもとき、心弾む世界へでかけましょう。

おもしろさの追求

『今日はなにしてあそぼかな』。一日を楽しく過ごしたいと思って登園するのは何も子どもだけでなく保育者とて同じです。「あ~おもしろかった。またあした」と言って帰れる日は一日がとても『しあわせ~』になるのです。

特にクラスを担当していない私にとって、子どもと接することのできる時間はとても貴重です。テラスを通り過ぎる時でも、ピンとアンテナを張って子どもの動きを観察するのが習慣となってしまいました。

ある天気の良い日のことです。砂場で二歳児クラスの子どもたちがプリンづくりをしていました。事務の仕事は後回し、『ちょっとくらいならまあいいか、仲間にイ~レテ』。はじめ型抜きでおまんじゅうをつくっていたのですが、何かおもしろいものつくれないかな、その時のひらめきで、おっぱいに対する子どもの反応が見てみたいと、おっぱいパンをつくることを思いつきました。二つのお碗に砂をつめ、パカリと引っ繰り返し、小さめのどんぐりか、まあるい石ころを乳首にみたて上に乗っけると、プリンとした形のよいおっぱい

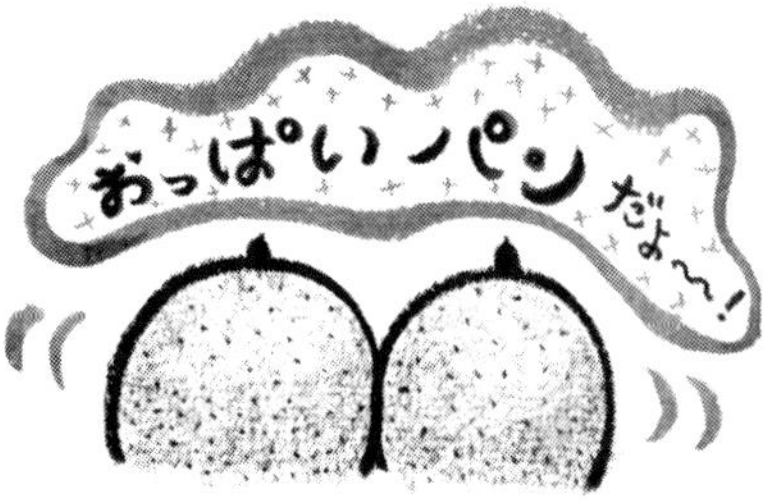

のできあがり。

「さあさあどうぞ、みんなの大好きなおっぱいパンですよ。おっぱいほしい子いらっしゃい」

さあどうするか、興味津々です。

『うん？　なにかおもしろそう』と思ったのか砂いじりの手を止め、誘いにのってやって来ましたよ、ぞろぞろと。

「いらっしゃい。おいしいよ、このおっぱいパン」

　モジモジしながら照れ笑い。体全体にはずかしさがにじみ出ています。お母さんのおっぱいだーいすき。でも大きくなったんだというプライドとのはざまで揺れる子ども心がたまらなくかわいいのです。『試み成功！　ヤッタ〜』と思える一瞬です。

　子どもの心の発達を踏まえたうえで揺さぶりをかけ反応を見る、そんなところにおもしろさを感じてしまうのです。

　これは五歳児のプールあそびの例です。

いつものごとく、またまたイ〜レテ。ビー玉をプールにばらまきながら言いました。

「ここは海、海賊船が沈んでしまいました。どうもこの辺には宝物が落ちているらしいよ。

ただし、この海には人食いざめがいるそうだから気をつけてね」

この人食いざめの登場がみそ、五歳児はスリルを伴う対立した遊びを好むからです。映画『ジョーズ』の　♪ズンズンズンズン♪　というフレーズを口ずさみながら子どもたちを追いかけると、プールの中はたちまち海賊船ごっこでおおにぎわいに。

こんなことやってみたらどんな反応するかな？　どんなところに興味を示したのかな？　その時々に見せる子どもの気持ちを垣間見るおもしろさ、保育者しか味わうことの出来ない醍醐味です。

たとえは悪いのですが、釣り人が垂れた糸においしいエサをつるすがごとく、こんな仕掛けはどうかな？　あんな言葉かけはどうかな？　などととっかえひっかえ試みてはどうでしょうか。おもしろさを追求する姿勢はいつも持ち続けていたいなと思うのです。

絵本を使って共通のイメージを創り出す

私は、よく子どもたちの活動を発展させていきたいなと思う時、一つの方法として絵本の読み聞かせをします。

なぜそうするのかと言えば、絵本を読むことにより一人ひとりばらばらだったイメージが共通のイメージを生み出し、新たな活動へと広がりを見せていくからです。

実践編でも紹介しましたが、サンタさんの例をとってみましょう。十二月になればどの子もみんなそわそわ浮足立ってプレゼントを待ちます。

仕掛ける保育者もあの手この手と頭をひねって大忙し。

そんな時ふと子どもたちはどんなサンタさんを想像しているのかなと思うのです。どこの国に住んでいて、どんな生活をしていて、どんなふうにしてやって来るのか。書店に溢れるクリスマスに関する絵本、そんな中で子どもたちの疑問を一度に解消してくれるのが『サンタクロースと小人たち』(クンナス・M/作、稲垣美晴/訳、偕成社)です。

全員を集めて読み聞かせをした後、感想をだしあいます。

「フィンランドのコルバトントリ山にサンタの国があるって書いてある。コルバトントリ山ってどこにあるのかなぁ」

絵本を読んだ子どもなら誰しもが持つ疑問、そして次に発する「手紙を書きたい」の言葉を待って、みんなの気持ちへとつなげていきます。世界地図を広げてサンタの国へと馳せる夢。

みんなで心を一つにして取り組むことの楽しさをたっぷり味わうことができます。冒険物ならなおさらのことです。

やまんば探検の時には『たべられたやまんば』（松谷みよ子／文、瀬川康男／絵、フレーベル館）、ねずみばあさんごっこの時には『おしいれのぼうけん』（古田足日・田畑精一／作、童心社）、りゅう探しでは『エルマーのぼうけん』（ガネット・R・S／作、渡辺茂男／訳、福音館書店）など、どれも読み聞かせの後、保育者のちょっとした言葉かけにより、ストーリーそのままを追体験するというスゴイことをやってのけたことがありました。

仲間の結束は固く、謎が謎を呼び、珍解答続出で頭の中はハチャメチャに——。しかし集団の中で見せる一人ひとりのキラリと光る個性、つきぬ探求心と好奇の目。これらの実践はみな絵本を通してイメージを共有することから始まっているのです。

子どもの心の揺れ動きに共感しながらあそびを発展していく楽しさを味わってしまったらもうおもしろくってやめられないと思ってしまうのですが、一方でこんな遊び方を知らない人もたくさんいます。私も『一体あの人なにしとるんやろ』と不思議がられた経験があります。できれば一人で保育するのでなく、クラスの枠を取り外し職員全体で子どものようすを見守りながら、おかしがったり仕掛けたりする関係を楽しんでいけば、あそびの幅もぐっと広がりを見せるでしょう。

(2) 仲間っていいな

集団の素晴らしさ

みなさんもよく経験されたことがあると思いますが、思わぬ場面で「えっ、この子、こんなところがあったの?」と意外な発見をすることってありますね。顕著に現れやすいのが探検の場面です。

闘志満々、最前列でがんばっていたS君、暗い森が近づくにつれ後ずさり「おれ、こういうとこ苦手なんだ」と言いつつ最後尾に……。こんな時、普段おとなしそうな子が勇気を出して先頭に立ち、みんなに大いに見直されるという例はよくあることです。

どの子にもそれぞれの持ち味があると思います。私たちはややもするとその子のある部分だけを見て判断してしまっているということはないでしょうか。いろんな角度から光を当て、その子のよさがみんなの中で認められていく、そんなクラスの仲間づくりができたらいいなあと思います。

節分の鬼退治の時でした。ユニークでいっぱい良い面は持っているけれど、わがままで勝手な振る舞いをするとみんなから思われていた年長児のK君、節分の日をきっかけに、後々まで語り継がれるほどの英雄になってしまった事件があったのです。

それは、鬼が園庭に突入して来た時、泣きながら、しかしあらん限りの勇気を振り絞って、小さい子を守るため果敢にも新聞紙を丸めてつくった棒を振りかざし鬼に応戦したのです。そんな姿をカーテンの陰や机の下に隠れながらも、子どもたちはちゃ～んと見ていました。

「お兄ちゃん守ってくれてありがとう」

K君「エヘヘヘ」

小さい組の子たちからお礼の言葉が贈られてK君のお株は急上昇。だれでも、だめなところもあるけれど、いいところだっていっぱいあるんだよ、お互い認め合える、それが集団の素晴らしさだと思うのです。

この出来事はK君の大きな自信となったことは言うまでもありません。

友だちはかけがえのない存在

年長児が一人一個ずつ自分のクロッカスに名前をつけて大切に育てていたことがありました。そんなある日、J君のクロッカスが腐りはじめたのです。子どもたちはあの手この手を使って看病したのですが、そのかいもなく球根を葬ることにしました。

「天国できれいなお花咲かせてね」

土に埋めて室内にもどろうとすると、K君がいつになく神妙な顔付きで報告に駆けつけました。

「先生、T君が泣いとるみたい、ぼくなんにもしてへんのに」

仲がいいのにすぐけんかして泣かせてしまうことの多いK君ですが、自己弁解しながらもT君のことを気遣っています。

T君の顔を覗き込むと目に涙が……。

「どうしたん?」

声をかけると張り詰めていた気持ちが緩んだのでしょう、ワァッと堰をきったように泣きじゃくりだしました。

理由を聞いてみると、どうやらＪ君がかわいがっていたクロッカスのピカちゃんが天国に逝ってしまったのが悲しかったようです。

まさか、クラスではひょうきん者で、すぐにちゃかしてしまうことの多いＴ君がこんな繊細な神経の持ち主だったなんて驚きでした。

子どもたちはいろんな素顔を持っています。保育者は子どものことを全部知っているつもりでも、子どもの心のうちは複雑かつデリケートなものだと反省させられた出来事でした。

それにしても友だちっていいもんですねぇ。いつも見せないＴ君の感情の動きをいち早くキャッチしたのは仲良しのＫ君でした。

まるで一つの家族のように心配事や悩み、喜びをクラスのみんなで分かち合い育んできたからこそ、友だちの悲しみを自分のものとして受け止めることができたのでしょう。

子どもたちは球根を育てながら自分たちの心も育ててきたんだなぁ、そんなほのぼのした気分になった一日でした。

子どもたちにとって友だちの存在はとても大きいものです。

「○○ちゃんがとってたぁ」

「あそびに入れたらんてゆうた」

「なぐられた」

こんな調子で一日が流れていくのですが、そんな生活の中にも宝石のようにキラリと光る場面がたくさんあります。

一歳半の子が、ワァ～ンと泣きわめく同じクラスの〇歳児の赤ちゃんにピタッと寄り添い頭を〝なでなで〟しています。

「そうか、そうか、ありがとう。おにいちゃんやもんなぁ」

おんなじ赤ちゃん同士なのにねぇと思うとプッと吹き出してしまいます。友だちへのやさしさの芽生えですね。

これは朝の登園時によく見られる光景です。

仲の良い友だちがやって来ると飛びつきあって、まるで再会を喜び合うかのごとく手をとりあって跳びはねています。

「オハヨ～」

それも心のうちからこみあげてくるかのようにです。

『けんかばっかりしとっても友だちはええもんなんやなぁ～』

いろんな個性を持った一人ひとりが一つのクラスの中でつらいこと、楽しいこと、悲しいこと、様々な出来事とぶつかり合いながら共に育ち合っていきます。そんな経験の積み重ねを経てお互いの気持ちに共鳴し合う関係が生まれるのでしょう。

(3) その時、その場を大事にする保育

保育の形はいろいろ

保育園は今まで一斉に保育するという保育形態をとる園が多かったのですが、いわゆる保育者中心と言われていた保育を改め子ども主体の保育をということで、一九九〇年に保育指針が大幅に改訂されました。続いて二〇〇〇年にはそれまでの反省を踏まえて十年ぶりに新しい指針が出ました。最近の保育形態と言えば、一人ひとりの気持ちを大事にする保育をということで、物的、人的環境に配慮しつつコーナーを設定したり、自由保育と設定保育の組み合わせの形態をとったり、それぞれの園で工夫がされているように思います。

ここで一度、〝子どもが主体の保育の形とは〟について考えてみたいと思います。

私たちが願っているのは、友だち同士の関係を軸にしながら、夢中になれる遊びや体験を通して、一人ひとりの子どもの豊かな成長発達を保障していくことだと思います。しかし、

計画を綿密に立て『さあやるぞ』と意気込んで保育したにもかかわらず、案外、保育者からは見えにくい時間や空間の中でのほうが盛り上がっているという経験をすることもあります。要するに大切なのは、形式よりも日々の保育のなかで一人ひとりの子どもが生きいきと輝いているかどうかだと思うのです。私の経験の中から『あの時は楽しかったなぁ』と思った時の保育の形を思い起こしてみました。

探検遊びへと発展させていった実践では、共通のイメージをふくらませながらクラスの子どもたち全員に向けて、保育者のほうから子どもたちに提案していくという方法を取りました。一方、一人の興味をみんなにつなげ広げていくという方法もあります。

甘えん坊でお母さんと毎朝離れられず泣きわめいていた虫好きのT君（三歳児クラス）をなだめるのには虫が一番。そばにいたかまきりを観察しはじめたのに端を発し、かまきりやバッタ探しに友だちを巻き込んでいきました。やがて、バッタVSかまきりのおにごっこやさらには劇遊びなど、クラス全体の取り組みへと大きく輪をひろげていったこともありました。

当のT君と言えばかまきり熱が高じて床屋さんでかまきりカットを注文。（髪の先端をかまきりの触覚のようにピンとたてる）

「どう？　ぼく似合う？」（かまきりヘアスタイルで登園）

「ハハアーおそれいりました」

まだまだ保育の方法はいろいろです。

普段からためこまれていたお話が、ある状況下で一度に吹き出した形となった例にやまんばの実践があります。

異動してまだ数カ月しかたっていないある日のこと、以前の保育園ではやまんば探検で大いに沸いた経験があったので、今度の保育園の子どもたちもやまんばの話ならきっとのってくるであろうと予想しながら話を聞かせたのですが、今一つ反応が鈍く「ヘェ～、それがどうしたっていうの？」という感じにしか受け取られず、時はそのまま流れていきました。

一方、新しい先生に対する興味からか私に「先生の歳はいくつ？」「おばあさんでしょ」「ヘッヘ年寄りや～」と興味半分にからかってくるので居直り作戦。『何を失礼な、人を年寄り扱いして、聞いて驚くな』。

「そうさ、私は本当は百歳のやまんばさ。決してだれにも言ってはならんぞ」と言った一言の威力はすごい。あっと言う間に全員に浸透してしまいました。このことが後で大きな意味を持つことになるとは、この時はまったく予想もしなかったことでした。

保育園からおばけ坂（木がうっそうと茂った小道の通称名）を通り抜けた所に借りている芋畑があります。その帰り道での出来事でした。三人だけ歩調が遅れたため、ちょうどおばけ坂にさしかかった所でみんなを見失ってしまったのです。
その場の雰囲気で「うひひひ、私はやまんばさ」と言ってのけたため大パニックに……。
この時、やまんばの話と私の歳とおばけ坂の緊迫した状況とが初めてつながったのでしょう。
それからというもの、保育園の近くの山にはやまんばが住んでいて、私がそのやまんばに時々変身すると固く信じ込んでしまったのです。やまんば探検が始まったのはこの時からでした。

時が経過しつつも、その時々の場面がある日突然、点と点が線でつながるかのように遊びが盛り上がってしまうというケースもあるのです。

子どもの気持ちに寄り添い、おもしろさに共鳴しながらそのおもしろさを拡大していくという方法や、きっとおもしろくなるだろうという予測をたてながら仕掛けていくという方法、その場のひらめきが大受けして盛り上がるなど、保育の方法は千差万別、だからこそおもしろいのです。保育形態はその時、その場の子どもの状況を見ながら選んでいくべきなのでしょう。

付け加えて言うならば、子どもの気持ちを受け入れ見守りながら援助していく保育の一方で、保育者の意図する考え方や、子どもと子どもをつないでいく保育者の役割などを忘れてはならないと思います。

ひっひっひっ…
ゾク…

異年齢で混じり合って遊ぶ楽しさ

保育園では〇歳から就学前までの子どもたちが、長時間生活を共にしています。クラスの枠にこだわらず自由に交じわりながら、お互いが刺激し合って暮らしています。そんな生活の一コマに、にわとり当番があります。こっこちゃんの朝ごはんの時間になると、お世話係の年長さんの周りには、いつの間にやら小さい組の子たちが群がっています。目当ては包丁でトントン切る手さばきの見学です。

「お兄ちゃん、お姉ちゃんスゴイなぁ」

「やってみたいなぁ」

尊敬とあこがれのまなざしが注がれています。

こんな感情も毎日の生活の営みの中で自然に育まれていくのでしょう。意図的に異年齢のグループをつくって保育する場合、よく失敗してしまうのが、「ゆうことをちっとも聞いてくれないからお世話ができない」と訴える大きい子、あるいは力関係に差があるため萎縮してしまう小さい子など、子どもの負担になってしまう場合です。豊かな人間関係を築いていくための一つの保育の方法であるという本来の目的を忘れないように配慮することが大切なように思います。

自由に遊んでいる中に案外、お互い気持ちを通じ合わせている場面があります。

一人畑の隅っこでゴソゴソしていた年長児のD君に虫探しを誘われたことがありました。狭い園庭での虫探しとくればたいがい、だんご虫かミミズです。ちょうど目の前に小さな穴があいていました。私は、十中八九の確率でミミズを捜し当てる自信がありました。

小さな穴の周りに細かな土の粉がこんもり盛り上がっている所を目当てに掘ればいいのです。ところがそんな知識はあっても大のミミズ嫌いの私、細長い体のあのぬめり、目のないのがなんともきもちわる〜い。それでも我慢してD君と二人で穴を掘ると「ギャ〜おった！」

ニョロニョロ体をくねらせるミミズをポイとこともなげにままごと茶碗にほうりこむD君。そのうち、「D君、なにしとんの?」そばで遊んでいる子たちも仲間入り、いつの間にやらミミズ捜しの小グループが出来上がっていました。

子「ここの穴掘ってみよか」

子「ミミズがでてきた！　ほら」

目の前にぶらぶらぶらさげられて、ゾゾ〜。

私「こっこちゃん喜ぶんじゃない、あげれば」

子「オーイ見て見て、こっこちゃんにやったら喜んで食べとる」

子「もっと捜そか」

僕も、私もとミミズをこっこのもとへと運ぶ子どもたち。つるつるとうどんをすするかのごとくこっこの胃袋の中へとおさめられていきます。鶏は穀物や菜っ葉の外に生き物も食べるんだという驚き、見つめる子どもたちの目は好奇心にあふれています。

様々な年齢の子どもたちが、ごく自然に混じり合いながら遊んでいます。しかも一緒にいることに心地よさを感じながら……。

自然発生的に生まれた子どもたちのこんな場面は生活のいたるところで見られます。

異年齢保育で大切なことは、形式より内容。子どもの心と心のつながりをどう結んでいくかが大切なのでしょう。

親を巻き込む　地域にとびだす

保護者と保育者は子育てのパートナー

子どもを育てるうえでお父さん、お母さんとはよきパートナーでありたいなぁと思っています。保育園での生活や保育内容をよく知ってほしいという願いから、様々な取り組みが各園でなされています。

便りを出して園での情報を伝える、個別懇談、クラス懇談、参観、連絡ノート等があげられると思います。中でも、夕涼み会、運動会、遠足など全員で一つのことに向けて取り組む活動は、けっこう盛り上がりを見せ、つながりの輪をグッと広めるのに絶好のチャンス。

「あれ、だれ？」

「○○ちゃんのお父さん」

同じクラスでも送迎時間が異なると顔と名前がなかなか一致しないものですが、こんな行事の時、一緒に肩を並べて走りながら知らない者同士が親しくなっていく機会になったりします。

おもしろいのは、夕涼み会の時などの役員のお父さん、お母さんたちの出し物です。子どものためと言いつつもそのうち自分たちが夢中になり出し『へェ〜そこまでやるぅ』というこりよう。いつの日だったか屋上に宇宙人とユーホーを出現させるという大仕掛けなことをやってのけたことがありました。

L字型の園舎の端と端とに線を張り、園庭を縦断するようにカップラーメンなるユーホーを飛ばす仕掛け。屋上で花火をパンパン打ち上げながらユーホーに乗って宇宙人登場という手はずになっていたのですが、肝心の本番中、緊張のあまり（？）手元が狂い、非情にもユーホーならぬカップラーメンが観衆の頭上に落下、冷や汗ものでした。

ご苦労さん会では、その時の失敗談やエピソードに笑いの渦が巻き起こっています。取り組む前と終了後とではこんなにも違うものかと思うほど、会の雰囲気もなごみ、打ち解け合っておしゃべりにも花が咲きます。成功させるのに何回も何回も足を運び細かい打ち合わせを重ねるうち、心の垣根が取り払われ、保育者も含め、親同士の強い絆が生まれていることに気づいていくのです。

この園でも、はじめの頃はお父さん、お母さんは行事を進めていくお手伝いさん役だったのですが、子どものエネルギーに突き動かされるような形で、保育者や父母からも自然な要求として、自分たちも楽しみたい、もっと仲良くなりたいという気持ちが生まれていったように思います。子どもばかりでなくお父さん、お母さん、保育者、人ひとりがみんな主人公なのです。

ある園では夕涼み会のアトラクションとして星の精が空から舞い降りてきたという設定でおこなったことがありました。その時のお母さんたちの役割分担はそれは見事なものでした。美容院に勤めているY君のお母さんが星の精の髪形担当、素晴らしい出来栄えに星の精役のA君のお母さんも二度目の花嫁気分だったとか……。バックミュージック担当者はカラオケ名人のMさん、照明担当、声優など多彩な才能と役者揃いに脱帽。人はみかけによらぬものですなぁ。

また運動会ではピーターパンに扮したお母さんに登場してもらいました。昔とったきねづかとやらでウルトラC側転を披露し「本物のピーターパンや」と子どもたちを信じ込ませてしまったお母さん。初めは戸惑い気味ではずかしそうだったのが、次第に味をしめ、うれし気に、かつ大胆に演じて、もうやみつきになってしまったようです。

お父さんたちにはおおかみ役とこうもり役を頼むと、快く（？）引き受けてもらったのですが、黒のゴミ袋をなびかせて走るお父さんの姿にお母さんは絶句。真面目を絵に描いた人だとばかり思っていたのに「しんじられなぁ〜い。これが我が夫とは」。お父さんの勇気に拍手。その時々につくられていくエピソード、思い出はつきません。

子どもの笑顔が見たいから、ただこのためにのみ、みんな骨身を惜しまず忙しい時間をさいてまで没頭することができるのです。

保育園は利害関係なし、みな平等の立場で裸のつきあいができる数限られた場だと思うのです。お父さん、お母さんはお客様ではありません。園運営の協力をお願いする関係だけでもなく、手を携えて共に子育てを考え合っていくパートナーとしてとらえていきたいなぁと思っています。

ただ最近のお父さん、お母さんを見ていると時代の流れでしょうか、人付き合いが苦手、問題を自分で抱え込んでしまう、真面目だけれど遊び心がないなど少しずつ変化してきているのではないかと思えてなりません。それも無理からぬことかもしれませんね。今のお父さん、お母さんたちが育った時代はどうだったのでしょう。地域社会が崩壊し、隣近所の子どもたちと群れて遊ぶという関係はその頃もうなかったでしょうし、教育現場でも、抑制力の欠如や、友だちの気持ちを解することが希薄で自分の要求は通そうとする、しかし他人の言葉に傷つきやすいなど、「自我の未発達」から引き起こされる様々な子どもの変化が問題視されていた時代です。偏差値重視の教育の中で暗澹たる日々を過ごしてきた世代の人たちが親になっているということを理解する必要があると思います。

立て前でなく本音で語り合おうではありませんか。自分の弱さをさらけ出し、お互いを認め合っていきましょう。

保育園とはそういう場でありたいなぁと常々思っています。

親との信頼関係をつくるキーワード

「朝、子どもがムックリ起きてきて、今日は保育園お休みしようかナ〜なんてつぶやきながらグズグズされるとホント困ってしまいます。朝は戦争の時間。子どもに有無を言わさず無理やり登園させた日なんて一日中仕事が手につかなくって、どうしているのかなぁ、いやがるのは何が原因なんだろうと考えてしまって……。」

その反対に「今日は○○ちゃんと遊ぶの」と勇んでカバンを肩にかけるわが子の姿を見る

と励まされるというお母さんの声をよく耳にします。その気持ち、よ～く分かります。安心してあずけられる保育園を目標に掲げながら努力しているつもりでも、案外双方の意志疎通がうまくいっていないことってあるように思います。

卒園する時言われたお母さんの言葉に考えさせられたことがありました。

Rちゃんのお母さんはいつも最終時間ギリギリの駆け込みです。「でも先生が、いいよ、いいよ、慌てなくてもと言ってくださったその一言がどれだけありがたかったか」。

またTちゃんのお母さんからは「おはようと朝声をかけてもらうのがうれしくって、安心して仕事場に向かうことができました」。

その他にもやんちゃ坊主を持つ親として、『今日も先生をてこずらせているんじゃないかしら』『またお小言もらうんじゃないか』と不安な日々を過ごしている時に「大丈夫そんなことないよ」と言ってもらった言葉にホッとしたというお手紙をいただいたこともありました。

保育者としてごく当たり前のこんな些細な言葉に一喜一憂しているお母さん、感謝の言葉を裏返せば本当に保育園として親の気持ちを理解していたんだろうか、まだまだ園に対して遠慮があるのではないだろうかとも思えてきました。

しかし、保育者の言い分としても『もう少し私たちの気持ちも理解してほしいわ』と思うことだってあるのもよくわかります。

わだかまっていることがあっても、本音で話し合えばお互いの気持ちが通じ合って誤解だって解けるのですが、それがなかなか難しいこともあります。なんと言っても保育園は、保護者、保育者双方の信頼関係の上に成り立つものです。では、その信頼関係を築くキーワードは何でしょう。その答えは『子どもを夢中にさせる保育』だと思うのです。

「お母さん今日なぁ、こんな楽しいことあってさぁ……」

「へぇ～そうなん、アッハハ、家ではさぁ……」

おもしろさを共有したい、そんな気持ちになればしめたもの、お母さんの気持ちに急接近できるチャンス、会話も弾むというものです。

子どもって、楽しかったこと、興味のあることは家で必ず再現します。そんな姿に園でのようすとを重ね合わせ、今日一日楽しく過ごしていたんだなぁと思うと安心できると聞きます。

お母さんといろんなエピソードを交換し合っているうち、普段見られぬお互いの意外な面がチラリチラリと見え隠れして気持ちを深め合っていくことがあります。かいこの飼育もその一例です。

今のお母さん方のほとんどがかいこを見たり世話をした経験などないでしょう。まして桑の葉がどこに生えているかなど探すのは至難の業です。子どもにねだられるがままサイクリングをかねて津市内を桑の葉探しに駆けずり回ってもうヘトヘトと話されるお母さんは、いつもお迎えはすべりこみのくち。日曜日は家の用事がわんさかあるのによく子どもにつきあったなぁ、こんな面もあったんだと感心してしまいました。

次は虫好きのT君の例です。保育園で飼育しているのと同じバッタを探しに行きたいとダダをこねられ、忙しい時間をさいて野球のグラウンドまでひとっ走り、おまけに図鑑通りの飼育方法を強いられてしまって『もうかなわん』と音を上げたご家族ご一同様。

でもぼやきながらも共通しているのは、お父さん、お母さんのうれしそうな笑顔です。子どもの失敗を笑い合ったり、成長を喜び合ったり、日常生活のほんの小さな出来事の一つひとつの積み重ねが大きな信頼へとつながっていくのではないでしょうか。子どもの笑顔は保育園と保護者の絆を結ぶかけはしです。

地域へ一歩踏み出そう

最近はテレビや新聞をにぎわす物騒な事件が多くなっていやですね。『知らない人と口をきいてはいけません』と教えなければならない時代になるなんてなんと悲しいことでしょう。

くわの葉…
くわの葉…
くわの葉…
くわの葉…

とは言っても子どもは保育園の中だけでは育ちません。地域に開かれた保育園としてどんどん遊びに来てもらったり出掛けて行ったりしながら交流を図りつつ、いろんな人々との関わりの中で育っていくものです。
毎年、五月の連休明けの週に『子供の日の集い』という地域の子どもたちと保育園で一緒に遊びましょうという行事に取り組んでいました。
この時、年長児は地域へのポスター貼りとチラシ配りという大事な役割を受け持ちます。なにしろ知らない家を訪問したり、通り行く人に声をかけるという初めての経験が待ち受けているのです。
出掛ける前に話し合いを持ちました。
私「おうちに子どもがいるかどうか見分けるのにはどうしたらいいかなぁ？　分かる人」
子「ハーイ、家の中に入って行くの」
私「だまって入っていったらどろぼうさんになるよ」
子「外におもちゃがあるかどうか見る」
私「ピンポーン、それええ考えやなぁ。他にない？」
子「わからん」
私「小さい子のパンツやオムツがほしてあるかどうか見るってのはどうかな」

子「へっへ、パンツやて」
私「よおくキョロキョロおうちを見て歩くこと」
子「ハーイ」
私「それでは子ども捜しに出発！」
子「キョロキョロ、ブランコ発見！」
子「おばあちゃん発見！」
まずは子どものいそうなアパートへと目標を絞ることに。
ピンポーン、ベルを押した一瞬、緊張が走ります。
S君「シーッ、ドキドキするなぁ」
奥から若いお母さんが子どもを連れて出て来てくれました。
S君「楽しいことといっぱいするから遊びに来てください」
直立姿勢で精一杯のがんばりを見せるS君です。『よしよし、その調子！』
「隣近所にもお子さんがみえるからチラシ配ってあげましょうか」のおばさんの申し出にすっかり気を良くした子どもたち、積極的に声を出しはじめました。前方に若い男の人発見！
「子どもを連れて遊びに来てください」
「僕、独身です」

アチャ、失敗失敗。

ピンポーン、出て来たお母さんの顔が冴えません。天気の良い日なのに家に閉じこもりがちらしく、まとわりついている幼子二人は子どもたちの突然の来訪に大喜び、キャッキャッと声をあげています。

一目見るなりなんらかの支援が必要な家庭であることを直感、これをご縁にと意識的に足を運ぶ回数を増やしました。後に同じ市内の保育園に入所する運びとなったのですが、こんな例は氷山の一角、まだまだ私たちの手の届かない所で悩んでいるお母さんがたくさんいると思うと、支援のあり方にも多くの課題が残されているなと感じます。

さて、子どもたちはと言えば、緊張もほぐれ意欲的に子ども捜しを続けています。

「自転車発見！　大きいおにいちゃんがいるおうちや」

「ほらほら、向こうの方にこいのぼりがたっとる。男の子がおるんとちがう？」

「よう見つけたなぁ。あそこには男の子がいるに違いない」

遠くに泳いでいるこいのぼり目指してやっとの思いでたどりついてみるとお留守。

「おなかへったよ～」

汗は吹き出し、足はフラフラ。ようやく保育園に着き玄関前に立つと、中から元気な子どもたちの声が――。

私「子どもがいる！　いっぱいいる！　ここはどこだぁ？」
子「ここは保育園やんか！　何ゆうとんのや。あんたおかしいんとちがうんか」
『そんなことわかっとる！』それでも子ども捜しの後に聞こえる子どもの声に、なぜか妙にうれしい気持ちにさせられたのでした。
　その時、生意気な子どもたちがとった行動はと言えば、ドッと給食を食べている小さい子たちがいるクラスになだれこみ、部屋の入り口に鈴なり状態になってうれしそうにながめています。
小さい子の担任「あんたたち何か用？」
子「子ども見に来たん」
　歩き回って初めて見えてくる一軒一軒の家の素顔。保育園も

地域の仲間ということが実感されます。

私たちはどうしても園の内に閉じこもりがち、もっと地域との関わりの中で子育てをしていくという視点を持つことが大切なんだと改めて思いました。

どんどん外に飛び出して、遊び場発見！　友だち発見！　おばさん発見！　街のみんなの保育園になるといいなぁ。

心揺さぶられる体験を

保育で何が大事？

実践交流会で提案園としてK先生が発表した時のことです。

S男とT子のけんかについてとりあげました。経過はこうです。

さっそく、子どもたちと話し合いを持ったのですが、T子の「S男は悪いことをしてもちっともあやまらんでイヤ！」という言い分に対してクラスのみんなから支持を得、反対にS男は友だちから総攻撃をくらってしまったのです。

保「悪いことをしたら相手の子はどんな気持ちになるかな?」
子「いやな気持ち」
保「そやなぁ、そんな時はどうすればいいのかな?」
子「ごめんっていうの」

お決まりの保育者誘導型の話し合いで終わらせてしまったそうなのです。これで問題解決と思っていたら、その翌日から、S男はあやまるようにはなったけれど、「ごめん! ごめん!」の言い方にちっとも心がこめられていないと、またまたみんなの中から不満が噴出。担任はこの出来事をふまえて考えたこととして、実践交流会では次のようにまとめて報告したのです。

担任としては『本当にS男の気持ちを理解していたのだろうか。話し合いの仕方が機械的すぎたんじゃあなかったかと反省した。トラブルという現象を表面的にとらえるのでなく、その裏に隠されている子ども一人ひとりの思いを受け止め、生活実態や生育歴をも含めた把握が大切である。けんかは子どもの気持ちと気持ちのぶつかり合いだから、その原因は双方の思いのズレのどこかにあるのではないか、保育者はそこんところをきちんと把握して対処すべきである』と、反省が中心の大体まあこんな提案内容だったと思います。

ところがこの提案に対して、保育園外の参加者の中から、子どもの気持ちの把握が弱いのではないか？　その時のT子の気持ちは？　S男は？　保育者は？　と矢継ぎ早の質問を受けました。その場では、子どものとらえ方の不十分さを指摘され落ち込んだのですが、どこか釈然としないものを感じつつ帰宅の途についたのです。

保育園は長時間保育、それも大勢の子どもとの生活の中では、けんかは日常茶飯事。ハァ〜大変だぁ。

理想の保育を求めてがんばってみるのだけれど、忙しい生活の中で毎日反省することばかりの日々。でも、赤ちゃんの時から兄弟姉妹のように育ってきた子どもたち、暖かく見守り続けてきた保育者、双方が様々な経験を通して築いてきた信頼関係が土壌にあれば大丈夫なんじゃないかなぁと園に帰ってから同僚たちと話し合ったものです。顔を真っ赤にしてお互い主張を譲り合わない子どもを前に、「ふぅ〜ん、いつの間にこの子がねぇ〜」と感心したり、子どもには失礼ながら「ワッハハハ」と笑ってしまったり、そんな子どもと保育者の関係があってもいいように思うのです。

大きくなっても心に残るもの

もうずいぶん昔のことになりますが、『エルマーになった子どもたち』（ひとなる書房）にチラリと登場するN君、当時の記憶を手繰り寄せてみるにこのN君、おとなしくあまり目立たない存在だったように思うのですが、その子が社会人になってから聞いた話によると、このりゅう探しに行った時の冒険が忘れられず、つらい気持ちになった時、このエルマーのように勇気を持とうと何度も思ったそうです。他にもその時代の子ども数人と電話で話す機会があって、保育園のことを覚えているか聞いてみたのですが、どの子もはっきり覚えていると答えてくれました。心の底から楽しいと思った体験は、心のどこかに生き続けていて、それが人生何かにつまずいた時、大きな力を発揮をすることもあるのだと知った時は感激でした。

もう一つの例を紹介しましょう。

これも卒園して三年目になるT君のお母さんから年賀状をいただいた時のことです。「やさしさを育てる保育」（一三九頁）にも登場したあの虫大好きのT君です。挨拶の隅に『体育の得意な小学生になりました』と書かれていました。『えっ！　あのT君が……。信じられな〜い、お口達者で運動は苦手とばかり思っていたのに……』。

そういえば思い当たる節がありました。かまきりの『かまこ』を飼育していた時、田島征三さんの『とべバッタ』（偕成社）の絵本を読んだ後、Lトンネルを二個合わせてその上からどのくらい距離を伸ばして跳ぶことができるか、かまきりの気分になって「とべ、バッタ」と言いながら跳び合いっこしていた時のことです。

一回目、T君は着地失敗、あごを突き出しベチョッと転んでしまいました。『やっぱりね』と思ってしまったのですがそこは保育者、励ましの言葉をかけました。二回目はかろうじて成功。気を良くしたT君、その後何度も挑戦し続けぐんぐん距離をのばしていったのですが、その時の自信に満ちた顔を思い出したのです。人を決めつけて見ちゃだめだという見本のようなものだとここでも反省したのですが、それよりも自信を持てば苦手意識を克服することだってできるんだ、『スゴイ』とうれしく思ったものです。あの時、あの場面で一人ひとりの気持ちを本当に理解していたと言えるんだろうか、反省することばかりです。

しかし、それよりも人生長い目で見た時、身も心もワクワクドキドキするような体験は、子どもたちの心のどこかで生き続けているんだということのほうに目を向けるべきだと考えさせられたのです。

一人ひとりの子どもの気持ちを分析することも大事、しかしそのことにあまりとらわれすぎると全体が見えにくくなることもあります。それよりも楽しかったなぁ、また明日も遊びたいと思える保育を重ねることのほうがもっと大事なんじゃあないかなぁと思うのです。

シナリオのない保育

——保育者と子どもの合作で、格闘的精神が躍動するドラマを

河崎　道夫

1　生活と遊びの空間を大人と子どもが共同で作る

岩附さんの前著は「エルマーになった子どもたち」（一九八七年　ひとなる書房）でした。遠足にいく森に「エルマーのりゅうがいる」と勇んで探険にでかけた保育園の子どもたちの姿を描いたこの実践記録書の発刊には、大きな反響がありました。たいていは、ワクワクドキドキの探険、りゅうの正体をめぐる奇想天外の論争などに熱中する子どもたちの躍動ぶりが、「楽しそう」「おもしろそう」と受け入れられ、「自分もやってみたい」と実践意欲がかきたてられるというものでした。一方では「(架空の存在のりゅうをいると思わせるように)

子どもをだますのはどうか」とか「子どもを怖がらせるのはどうか」などの、とまどいや疑問も出されたのも事実でした。しかしその後の十数年の展開は、楽しさ、おもしろさを満喫し共有していく子どもの生き生きとした姿という事実の力が、大人の「常識的観念」によるとまどいを上回って、この種の遊びが全国に広がっていった過程でした。ガリバー、魔女、忍者、へなそうる、やまんば、カッパ、びわほうし、ねずみばあさん、ホッツェンプロッツ……。題材は様々ですが、愉快な探険遊び、冒険遊びの実践が次々に出版されたり報告されたりしました。今では、こうした遊びは保育園や幼稚園でする幼児たちの集団的な遊びの一つの典型とも思えるほどの広がりを感じます。

しかし、「エルマーになった子どもたち」が提起したことは、単に「探険遊び」「冒険遊び」という新しい種類の遊びの形ではありませんでした。それは、保育園や幼稚園という大人と子どもが共に生活している空間を、「子どもとともに」どのような場にしていくのかということだったように思います。

社会が、子どもの育ちに根本的な影響を与える生活空間が、物理的にも人間関係のうえでも大きく変貌してきた状況に対して、今、保育園や幼稚園がどのように新しい役割を果たしていくかということが大きな課題となっています。「子育ての困難」を抱えた親たちの支援を制度的に保障していくことはその重要な柱のひとつでしょう。さらにその中で、子どもたちがどのような生活と遊びで時間を過ごし、どのような体験を蓄積していったらよいのかという、いわば保育課程の内容を状況にふさわしく創造していく課題もあります。地域の自然や生活文化との触れあいを豊かにし、リアルな人間関係を結ぶことを通して、子どもたちのたしかな「自分づくり」の土台を支えていくような保育課程づくりが切実な課題となっているといえるでしょう。

それと並んで、保育園や幼稚園で、大人と子どもが一緒にどのような空気の中で生活するのかという面での発想と方法を進化させることも同じように重要な意味を持ってきています。たとえば、子どもが生活し育つ場としての建物や居住空間のあり方が見直されてきています。旧来の「学校」風ではない園舎の設計、「教室」風ではない保育室や壁面の創意工夫、あるいはこたつやいろりをもちこむなど。できればより「家庭的な雰囲気で過ごす」ことのできる空間へというこの方向は、保育園や幼稚園での大人と子どもの生活の送り方、呼吸のし方を新しくつくり変えていこうとするものです。

そして「食べる」「寝る」こととともに、「遊ぶこと」においてもこのような方向を提起したものが「エルマー……」だったのではないかと思われます。「遊ぶこと」において、大人と子どもがともにどのように心を躍らせ、どのように呼吸を合わせていくのかは、遊びの「指導論」とも言いかえられます。かつて私は、「保育園や幼稚園での遊びの指導論は人類史上新しい課題」であり、これを実践的に解決していくために大人と子どもの「多様なかかわり方」を認めるところから出発し、根幹に「おもしろさ」に心が動き、躍ることを据えたらどうかと提起しました（拙著「あそびのひみつ」一九九四年　ひとなる書房）。この提起の大きなヒントは、まさに「エルマー……」の岩附さんの実践から得られたのでした。

「エルマーのぼうけん」を読み終えたときに加えた岩附さんの一言。「……エルマーとりゅう……、みんなの近くにいるかもしれませんね」それに続く子どもたちのざわめき。その息づかいをキャッチしてさらに発せられた一言。「そういえば、明日遠足で行く森で、昔……」その言葉で子どもたちがわきたち次々と行動が繰り出されていく。子どもたちの能動性は最大限発揮され、自由で、奇想天外で、必死で、事に当たっていく。大人は大人でありながら、子どもの発想と行動に接近し、それを刺激し、共有していく。そうやって展開していった保育者と子どもたちの合作ドラマが「エルマー……」だったのです。この大人と子どもの合作の呼吸法の正体がなかなかつかめず、私はそれをその正体の一歩手前で「かかわりの多様性」を提起するにとどまっていたのでした。当時、幼稚園教育要領（次いで保育指針）が、「見守り、援助する」ことのみを強調する方向に大きくぶれていた時期でしたので、働きかけ方の多様性の確認はそれはそれで大きな意味があったと思います。しかし岩附さんの実践的提起はそこにとどまりませんでした。「エルマー……」以後十五年を経て今回報告される本書の実践の数々はまさに新たな「指導論」の内容を豊かに示すものとなったのです。

2　パンツ鬼と保育者の境地

ある日の年長児クラス。どうやって始まったかは見ていませんでした。たぶん保育室に落ちていたパンツを誰かが拾い、棒の先にひっかけて誰かの鼻先につきつけたのでしょう。発見したときにはもうすでに五～六人がわーわー言いながら逃げ回り、一人が棒とパンツをもって追い回していました。ホールからランチルームから保育室まで廊下も使って大笑いしながら逃げたり追いかけたり。パンツをつけることが「タッチ」で、それでちゃんと「鬼」の交代です。誰からともなく「パンツ鬼」と名前が付けられていました。鬼になったA君が、保育室のロッカーに入って遊んでいたB君に「タッチ」すると、B君は突然パンツをつけられて驚き顔を手で覆って泣いてしまいます。しばらくすると手の間からそっとあたりのようすをうかがい、A君が覗きに来たところでワーッとロッカーから出てきてパンツつき棒を手にしてA君を追いかけ始めました。顔は笑っています。これでB君も参加ということになったのですが、いつの間にか女の子も含めて十人くらいにふくれあがっていました。しばらく盛り上がっていましたが、給食の時間が近づき終了となります。「誰のパンツや？」ということでみんな自分のじゃないと言いはります。書いてあった名前で「これA君のや」と判明。「違う」と否定したA君も「だって○○って書いてある」と三回言われて「あっ、俺のや」とバツの悪そうな顔をしてしまい込みました。愉快なオチがついて終了です。

「対立を楽しむ遊び」の極意のようなこうした遊びはまさに子どもの世界のものです。オニが鼻くそを指先につけてコを追いかけ、タッチされたコはさらに自分の鼻くそを加えて（だんだん大きくなる！）交代してオニになるという「命がけ鬼ごっこ」の話もあります。パンツ鬼では担任の先生は「最近、ああいうことでもケンカにならずに遊びにして楽しむ関係ができてきた」と笑って見ていました。「命がけ……」では担任の先生は「あまりに盛り上がっているので勇気を出して入れてもらったが、五分と持たずに抜けさせてもらった」ということでした。まさに子どもらしい常識破りの遊び精神が充満した見事な「逸脱」ぶりです。このような遊びに大人が入るとか、いわんや「指導する」などといったことはあまり聞きません。みみずを鼻の下に乗せて「ひげー」とやったのは旭川の男性保育者谷地元雄一さん、それを聞いて負けじと鼻の穴にアゲハの青虫をつっこんで「青っぱなー」とは東京の高橋光幸さん。など、世の中にはいろいろな保育者がいるので絶対ないとは言い切れませんが、多くの保育者には届かない域ですし、届かなければならないわけでもないでしょう。

しかしながら、子どもたちの間にこうした遊びの世界が生まれてくるような生活の送り方と遊び感覚を創り出していくことはできますし、重要な問題でもあると思われます。

逸脱と失敗、新奇な事件や事態をおもしろいことに変えていく子どもの遊び感覚は、ときに大人の嫌悪や抑制、禁止を誘います。特に現代社会は子どもの「きちんとできない」「ちゃんとしない」ことに大人が我慢ができない関係が蔓延しています。それは、一つには子どもを放っておくことがきわめて危険な環境（交通事故や連れ去りなど）になっていること、二つ目には生活がデジタルなON-OFF操作、記号操作のボタンやスイッチで営まれることが多くなり、「動作」は簡単なのに結果は重大になってしまうために、「少しの失敗や逸脱」も許されない状況になっていることによります。こうして大人と子どもが共に生活を送る場で、大人の基準枠から外れることを許さない圧力が増大しているのです。子どもだけの世界が不可能に近い環境下で、子どもといる大人の感覚がそうした方向のままでは、おそらく「いい子」志向や「過剰適応」の問題や「自我の空洞化」（河崎　一九九七）が生まれることになるでしょう。現に起こってきている現代の子どもの様々な問題状況の根底の一つにこうした事情があるのではないでしょうか。

子どもとともに長時間過ごすことを職業とする保育者には、今新たな精神領域の開拓が求められているのではないでしょうか。保護し、寄り添い、慈しみ、助け、教え、指導するといった精神領域は相も変わらず重要なことでしょう。それに加えて「逸脱や失敗」「新しいこと」を遊びの楽しみに変えていく本来の子どもの精神に接近し、ともにおもしろさを味わいながら、むしろその精神を子どもたちに伝え拡大していく大人としての独自な境地を開拓していくことが求められているのです。「エルマー……」はその境地の一つのヒントだったのです。

岩附さんの今回の実践報告では、その境地をいっそう豊かに提示してくれました。子どもとの共同生活において「事にあたり、どういう見方をして、どういう楽しみを見いだすのか……」、実践的で具体的な姿からそれを読み取りたいものです。

岩附さんは以前「花時計ともぐら」という実践を話してくれたことがありました。小遠足で出かけた花時計の前で弁当を食べながら「なんであんな大きな時計が動くのやろな、なんか土の下にいるのやろか」と子どもたちに声をかけました。するとそれからワクワクドキドキの愉快な探険が始まってしまったのです（河崎　一九九四）。この「なんかいるのやろか」という発言に独特の境地へのヒントを見ることができるようです。子どもの立場から見たときにどう見えるのかを瞬時に思いつき、同時に子どもが動き出したくなるような言葉にして投げかける、このような発言は「エルマー……」でもたくさんありました。小遠足の公園で雨が降ってきたとき「雨が降ってきました。さあ、こんなときエルマーだったらどうするでしょう」という問いかけで雨をしのぐ小屋作りが始まるという具合です。大人の基準枠で物事を見ていたら、花時計の山の中に何かいるとは思いつきませんし、雨が降ってきたら濡れないように早く帰るようにするでしょう。何かおもしろそうなことはないかといつも虎視眈々とねらっている子どもの目と、予測しながら子どもに呼びかけ行動を誘う保育者の立場とを合わせもっている独特の境地を示している発言です。その境地をよく示している記述が本書にもありました。子どもの前でヒヤシンスのハナちゃんに語りかけるところがあります（四四頁）。真っ白い根を「見ていると、なんとなく下からのぞいてみたいような気分になりました」と、これは好奇心いっぱいの子どもの心理そのままです。が、続く「ハナちゃん、立派な根っこだね。ちょっとおしりのぞかせてね」という表現は、ハナちゃんへの語りかけでありながら子どもたちに「一緒に見よう」「こんな風におもしろいことを見つけていくんだよ」と誘いかける意味をもっているようです。そこから子どもの会話がはずみ、そしてみんなで根っこをそっと触る体験が展開したのです。本書では全編として収録されなかったのですが、年長児の「まじめな」学校見学をワクワクドキドキの「迷路探検」に変えた実践もそうでした。見学から探検へ、「緊張から興味へと変化した一瞬」の空気を、「子どもとの一体感を味わったという保育者の喜び」（一四八頁）として書いてくれています。

そして本書の実践報告では、それがかなり意図的、計画的なところまで深化した形で示されました。

「このすいかのたねはばばあちゃんからもらってきた」（一五頁）といえばもうその世界で子どもたちが次々に行動を起こしていき、事態は展開します。事態の中身は計画されていません。計画されていないからこそ事件が起こります。しかし事態が進行していくだろうこと、そこに保育者が子どもとともに入り込んでいけばおもしろかろうことは予測されているわけです。ヒヤシンスの栽培でもかいこの飼育でも、いわゆる飼育栽培活動をきちんとさせることを計画していたわけではありません。そこに主眼があるわけでもありません。しかしごっこ遊びをしようとしたわけでもありません。飼育や栽培という現実世界との格闘を、「お父さん、お母さんになろうか」という新しい意味づけをすることによって、子どものの「格闘しよう」という精神をはじけさせたと言ってよいでしょう。飼おうとする小動物に自分たちで名前をつけることは、子どもたちの格闘的精神に火をつける一つの手法にさえなっています。ひとたび事態が動き出したらその時その場を「ともに生きる」（言いかえれば「子どもとともに右往左往する」）ことを大事にすれば、共同の物語ができあがっていくということです。

その物語の途中でも岩附さんは、世界の新しい意味づけによって子どもの格闘精神を挑発します。かいこの餌の桑の葉を探しに行くときの三つの関門（六二頁）の設定はその典型でしょう。小学校の中の道や踏切などが見方によって関門になり、そうなれば黒雲や樹々のざわめきがやまんばの関門の怖さを深いものにしてくれるのです。「子どもの心と同化し、驚きや喜びを共有する中で生まれる保育の発想」、「大人の考えや物の見方で子どもを枠にはめず、もっと柔軟な姿勢で子どもを見つめる目」（三四頁）は本書全編に多様な形で貫かれているといってよいでしょう。

3　子どもの格闘的精神を躍動させる

先に述べたように現代社会では、子どもたちの生活には人工的な物があふれ「物はかくあるべし」「人はかく行動すべし」が蔓延しています。利用目的が限定されて作られた人工物による生活は一見便利ですが、頼りすぎれば子どもが世界と格闘することを遠ざけます。自由な精神の躍動を封じ込めます。世界に新しい意味は発見できず、行動は管理されていくことになります。「かくあるべし」「かく行動すべし」はかつてはしつけや教育の重要な内容でした。明確な大人像、「一人前の武士や農民や職人……」に向けて教育が行われた時代はそれでよかった（だが一人ひとりは花開かなかった）のです。しかし現在は、一人ひとりが自分の人生を自分らしく選択決定していく大人になっていくことが保障され求められている時代になってきているのです。それなのに逆に子どもの生活は「しつけや教育」の領域のみならず、すべてが「かくあるべし」「かく行動すべし」に覆われ始めているのです。子どもは窒息し始めるでしょう。人に管理されることで「うまく生きていける」と実感すれば、逸脱や失敗をしないようにすることが「やさしさ」や「思いやり」になってしまいます。表面上の「人間関係を大事に」して批判や抵抗を避け、わずかの失敗や逸脱をいじめの対象にしていくようになります。今、子どもがその状況に慣れかけてきて様々な問題状況が生まれているのです。

子どもは本来、事にあたって大人の常識や枠、固定観念にとらわれない見方をするものです。世界に新しい意味をみつけ、驚き、興奮し、行動を起こし、世界とぶつかっていく存在なのです。精神的な自由と行動的実行力をもって世界と格闘する存在なのです。格闘するからこそ、世界の大きさ、複雑さ、多様さに直面し、同時に自分の過不足長短や自分と他者のユニークさを実感しながら成長できるのです。（本書の実践記録にはそのユニークさが花を開かせつつある子がたくさん登場してくることも注目されます）

このハラハラ、ドキドキ、ワクワクとはそのような格闘的精神が躍動するときのものです。このハラハラ、ドキドキ、ワクワクをふんだんに共有している関係の中で、成功や達成は大きな喜びとなり、逸脱や失敗も共感され、しばしば腹の底からの笑いのもとになります。そうやって子どもは、人とともにこの現実世界を生きていくことに対する「楽天的信頼感」をためこみ、自分を実感し、発見していくことができるのでしょう。だとすれば、そのような体験群が生まれる場と空気を創り出していく保育者たちの役割は大きくかつ楽しいものとなるでしょう。

岩附啓子・河崎道夫『エルマーになった子どもたち』ひとなる書房　一九八七年
高橋光幸『はなまる保父の「いいたいねっと」通信』あゆみ出版　一九九七年
谷地元雄一『これが絵本の底ぢから』福音館　二〇〇〇年
河崎道夫『あそびのひみつ』ひとなる書房　一九九四年
河崎道夫『発達を見る目を豊かに』ひとなる書房　一九九七年

あとがき

私は自他共に認める探検大好き人間です。子どもと一緒に楽しむあのドキドキ、ワクワクの味は一度味わったらもう忘れられません。どうしてそうなったのか自分自身でもはっきり分からないのですが、たぶんルーツは幼いころの原体験にあるように思うのです。

私が育った時代には田舎のせいもあって保育園も幼稚園もありませんでした。現代のようにりっぱな玩具なんてものは一切なく、その代わり豊かな自然がありました。近所の友だちと日が昇ると同時に外に飛び出し、小川で鮒やめだかすくいに没頭し、太陽が沈むまで夢中で遊んだものです。秋になると里山の椎の大木目当てに椎の実拾いに出かけました。ポケットがパンパンにふくらむまで詰め込み、その中の一粒をカチリと歯で噛むと中から真っ白な果肉が表れ、かすかな甘みを実感します。自然を友としながら、すべて自分たちで遊びを見いだし、五感をフル回転させて遊んだものです。

それに比べ、今の子どもたちは豊富に物が氾濫し、望めばなんでも手に入れることが出来る時代に生きています。

しかし社会的環境の悪化、精神面での乏しさ、さびしさの中で息をひそめて生きている子どもたちのなんと多いことか……。

それだけに、今を生きる子どもたちにも躍動感溢れる体験がどうしても必要だと思うのです。

その一つの方法として、探検遊びは子どもたちを夢中にさせる遊びだと思いました。あのドキドキ、ワクワクの気持ちが、あらゆる活動への意欲のエネルギー源になっているのじゃないかなと思うのです。私が味わった時のあのときめきとどこか重なり合う部分があるような気がします。

探検遊びをより楽しく盛り上げる条件の一つに、広々とした園庭や室内よりも隅っこの人気の少ない空間、押し入れとか物置、木の茂みなど薄暗い場所の方がイメージをかきたてるのに適しています。困ったことに保育者にとっては死角になりやすい場所なのでこれを禁止するか、保育に生かしながら自分も楽しめるかどうかが一つの分かれ目になるでしょう。子どもとの信頼関係、心の自由さがなければこの遊びは成り立たないと思います。そして職場の仲間と楽しさを共有できればこんな心丈夫なことはありません。

ドキドキ、ワクワクの保育は管理保育とは正反対に位置する保育だと思っています。そして今回、皆さんにぜひ紹介したかったのは小さな生き物たちと心通わせる保育です。飼育栽培をするという行為を通してイメージを豊かにふくらませながら、次の活動へと興味を広げていくという点において探検遊びと共通するのです。

要するに、『すべて遊びは探検気分』と言えるのではないでしょうか。どんな遊びでも根っこは一つ、おもしろさを追求する保育者の姿勢だと思うのです。時代は変われど、今も昔も「楽しい」と思う子どもの気持ちは同じです。

どうか皆さん、私の未熟な実践ですが、こんな方法もあるのかと保育の参考にしていただければ幸いです。こんな困難な時代だからこそみんなで知恵を出し合い支え合っていきましょう。

さいごに、ひとなる書房さんから『現代と保育』の「子どもの世界は無限大」の連載をまとめてみないかというお話は数年前からあったのですが、諸々の事情で遅れ、昨年の三月で三十五年間の保育園生活にピリオドを打つ決心をしたのを契機に今回やっと出版のはこびとなりました。発行するに際しまして、三重大学の河崎先生、イラストをお願いしたせきしいずみさん、ひとなる書房の名古屋さん松井さんなどのご協力を得ましたことに感謝すると共に、私の勝手な口出しや行動にも理解を示し、一緒に楽しんでくださった保育園関係の皆様に心よりお礼を申し上げます。

二〇〇四年一月

岩附　啓子

Suzuko Shimoda

岩附　啓子（いわつき　けいこ）
1968年、日本福祉大学女子短期大学部保育学科卒業。同年、三重県津市の保育士として採用される。1975年、主任保育士となる。2003年３月、退職。
著書『エルマーになった子どもたち―仲間と挑め、心躍る世界に―』（1987年、ひとなる書房）

河崎　道夫（かわさき　みちお）
三重大学教育学部教育学科教授
著書『あそびのひみつ―指導と理論の新展開―』（1994年、ひとなる書房）
『発達を見る目を豊かに―憧れとささえをはぐくむ保育―』（1997年、ひとなる書房）他

装　　幀／山田道弘
イラスト／せきしいずみ

シナリオのない保育　―子どもと過ごす極上の時間《とき》―
2004年３月27日　初版発行

著　者　岩附啓子
発行者　名古屋研一

発行所　㈱ひとなる書房
東京都文京区本郷2-17-13
電　話　03-3811-1372
FAX　03-3811-1383
Email : hitonaru@alles.or.jp

印刷／中央精版印刷株式会社

ISBN4-89464-074-0